Wolfgang Gröne
Benedikt und die Brückenbande

AF177478

Wolfgang Gröne

Benedikt
und die Brückenbande

Mit Illustrationen
von Johann Brandstetter

Hase und Igel®

Für Lehrkräfte gibt es zu diesem Buch
ausführliches Begleitmaterial beim Hase und Igel Verlag.

Originalausgabe
© 2006 Hase und Igel Verlag GmbH, München
www.hase-und-igel.de
Lektorat: Dorothea Schauer
Druck: Friedrich Pustet GmbH & Co. KG, Regensburg

ISBN 978-3-86760-056-9
5. Auflage 2024

Inhalt

Prolog

… in dem ich von meiner Heimatstadt erzähle
und über die Qualen
junger Klosterschüler berichte

„Macht Platz!" In voller Fahrt rumpelt ein Pferde-
gespann vorüber. Menschen drängen über die
Brücke. In allen Gassen herrscht geschäftiges Treiben. Er-
innerungen an längst vergangene Tage meiner Kindheit
werden wach. Aus Furcht vor Schwierigkeiten schlitterte
ich vor vielen Jahren in ein gefährliches Abenteuer, das
meinem Leben eine völlig neue Richtung gab. Doch der
Reihe nach …

Meine Heimatstadt ist wunderschön. Umgeben von einer
fast sechs Meter hohen Mauer – dem Stolz aller Bürger –
liegt sie inmitten von Feldern, Wiesen und sanften, bewaldeten Hügeln. Eine Brücke über dem Fluss, auf dem
in den eisfreien Monaten reger Schiffsverkehr herrscht,
verbindet die beiden Stadtteile. Eng aneinandergedrängte
Bürgerhäuser werden überragt von zwei Kirchtürmen.
Der eine gehört zur Kirche am Markt, der andere zum
Kloster unserer Stadt. Hoch über den verwinkelten Straßen und Gassen thront die Burg. Dort residierte damals
unser Stadtherr Graf Ullrich vom Fluss mit seiner Tochter Adelgund. Er war ein edler Ritter, im ganzen Reich
berühmt für seinen Mut und seine Königstreue. Von ihm
als Knappe zum Ritter ausgebildet zu werden, kam einer
großen Auszeichnung gleich.

Das Haus meiner Familie lag direkt am Marktplatz, dem großen Platz vor der Kirche. Der Markt war das Herz unserer Stadt. Hier wurden Waren aus nah und fern gehandelt: Tuch aus Flandern, Wein aus Burgund, Geschmeide aus Italien, Kräuter aus den Wäldern und Getreide von den Feldern des Umlands. Bauern feilschten um Fleisch und Felle, Sänger und Spielleute unterhielten die Marktbesucher mit derben Späßen, Bader boten ihre Dienste an und Betrüger prellten gutgläubige Bürger. Hier pulsierte das Leben, hier wurde geschrien und gelacht, geschachert, gezankt und geprügelt.

Seit Generationen hatte meine Familie Handel mit wertvollen Stoffen betrieben und es damit zu Wohlstand gebracht. Wir kauften die Stoffe roh und unbehandelt ein und ließen sie in den Werkstätten unserer Stadt veredeln, bevor wir sie auf dem Markt, auf Burgen, in Marktflecken und anderen Städten weiterveräußerten.

Mein Vater war ein misstrauischer Mensch gewesen. Oft hatte er die Warentransporte begleitet, um den Verkauf zu kontrollieren. Doch seine Vorsicht wurde ihm zum Verhängnis: Noch bevor ich sechs Jahre alt wurde, erschlugen ihn Räuber auf einer Handelsreise.

Nach dem Tod meines Vaters führte meine Mutter unser Geschäft mit Tuchen und Stoffen fort. Sie war jedoch im Handel völlig unerfahren und beileibe nicht so geschäftstüchtig wie mein Vater. Sogar die Knechte nutzten ihre Unkenntnis aus und betrogen und bestahlen sie bei jeder Gelegenheit. Als meine älteren Brüder Bertram und Robert herangewachsen waren, übertrug unsere Mutter ihnen die Geschäfte. Ich hingegen sollte Priester werden oder ins Kloster eintreten, da von dem

Familienreichtum nicht mehr viel übrig war. Mein Name schien mein Schicksal für ein Leben im Dienst der Kirche vorherzubestimmen: Ich bin auf den Namen Benedikt getauft, nach dem heiligen Benedikt von Nursia.

So begann ich meine Ausbildung in der Klosterschule jenseits des Flusses. Norbert, der kleine und immer etwas ängstliche Nachbarsjunge, teilte mein Los und begleitete mich in den Nachmittagsstunden durch die schmalen Gassen über die Brücke bis zum Kloster.

Über einen Seiteneingang betraten wir den Schulraum. Norbert und ich saßen wie zwölf weitere Jungen unterschiedlichen Alters auf kleinen Hockern und wurden im Lesen, Schreiben, Rechnen und in Latein unterrichtet. Große Fenster spendeten Licht. Im Sommer war der Raum angenehm kühl, die meiste Zeit des Jahres aber bitterkalt. Wir froren entsetzlich, denn es gab keinen Ofen. Zum Schreiben benutzten wir Wachstäfelchen, in die wir mit Griffeln Buchstaben ritzten. Pergament war teuer und wurde nur für Bücher und Urkunden verwendet.

Hinter einem hohen Schreibpult thronte unser Lehrer Pater Malachias wie ein kleiner, dicker König. Anstelle eines Zepters schwang er den Schreibgriffel und statt eines Schwertes die Weidenrute. Es verging kein Tag, an dem nicht jeder von uns einmal die Rute zu spüren bekam. Besonders häufig traf es den Bäckerssohn Bernward. Er schaffte es einfach nicht, still zu sitzen und die Buchstaben ordentlich auf sein Wachstäfelchen zu kritzeln. Doch Bernward war nicht der Einzige, der sich mit dem Schreiben schwertat.

Talentlos und überaus ungelehrig zeigte sich Ildefons, der Sohn eines Ritters, der als Knappe im Dienst von

Ritter Ullrich stand. Ildefons war neben Pater Malachias unser größter Peiniger. Als Knappe musste er nur das Nötigste lernen – ein bisschen lesen und schreiben. Doch selbst diesen geringen Anforderungen schien er nicht gewachsen zu sein, denn er stellte sich äußerst töricht an. Schlimm war seine Bosheit. Ständig verspottete er uns und setzte uns sogar mit der Reitpeitsche nach. Wenn Bernward gezüchtigt wurde, lachte Ildefons hämisch und schimpfte Bernward einen Dummkopf, einen Tölpel und einen Nichtsnutz. Pater Malachias konnte nur tatenlos zusehen. Ein Knappe durfte nicht geschlagen werden und besaß daher so etwas wie Narrenfreiheit. Die Ausbildung der Söhne von Rittern war eine heikle Angelegenheit und selbst Mönche legten sich nicht gern mit ihnen an.

Auf dem Nachhauseweg demütigte Ildefons Bernward mit Beleidigungen und Schlägen. Quäkend rief er ihm hinterher: „Hey, du Trampel! Du bist so dumm, Bernward. Du bist dümmer als ein Schwein!" Vielleicht glaubte er, dadurch von seinen eigenen kläglichen Leistungen ablenken zu können.

Bernward war, nach allem, was man hörte, seinem Vater eine große Hilfe in der Bäckerei. Von Ildefons dagegen waren weder gute Eigenschaften noch irgendwelche Begabungen bekannt. Man munkelte in der Stadt, er sei so einfältig und eitel wie sein Vater Gunter vom Berg. Dieser hatte Schulden über Schulden auf sein Lehen gehäuft und stand nun offenbar kurz davor, alles zu verlieren. Seinen Sohn Ildefons schien das Gerede nicht weiter zu stören. Im Gegenteil: Je mehr schreckliche Geschichten die Leute in der Stadt über seinen Vater erzählten, desto arroganter und eingebildeter wurde er.

Bernward kam irgendwann nicht mehr zum Unterricht. Er hielt die ständige Quälerei wohl nicht länger aus. Wir Übrigen mussten Ildefons weiterhin ertragen. Es schien, als übe er an uns den Umgang mit den Leibeigenen, über die er bald herrschen sollte. Wir trösteten uns damit, dass wir Klosterschüler seine Gemeinheiten nur ein Jahr aushalten mussten. Seine Bauern aber würden ihr ganzes Leben lang unter ihm leiden.

Trotz der harten Zucht in der Klosterschule danke ich unserem Herrgott dafür, dass ich das Wunder, lesen und schreiben zu lernen, erfahren durfte. Pater Malachias brachte uns aus der Bibliothek des Klosters Bücher mit, immer eines für vier Schüler. Am häufigsten lasen wir in der Bibel. Aber auch Heldensagen und die Lebensgeschichten der Heiligen lagen auf unseren Schultischen. Unsere Fantasie entführte uns in eine neue Welt voller Heiliger, Ritter, Helden, Drachen, Märtyrer, Zauberer, Bösewichte und Zwerge. Die Bücher ließen die tägliche Tracht Prügel und die Gehässigkeiten Ildefons' vergessen und machten die Tage in der Klosterschule erträglich.

In meinem zehnten Lebensjahr jedoch veränderte sich mein Leben schlagartig: Innerhalb einer Woche sollte nichts mehr so sein, wie es einmal gewesen war. Alles begann damit, dass vier schmutzige Kerle aus der Roten Gasse uns Klosterschülern das Leben schwer machten.

Kapitel 1

… in dem ich
vier seltsame Burschen vorstelle
und etwas Wichtiges vergessen habe

Giselbert, Osto, Einochs und Schnapphahn traf man nie allein. Wir nannten sie die Brückenbande. Sie lungerten stets an der Stadtbrücke herum, die ich mit Norbert auf unserem Weg zur Klosterschule überqueren musste. Damals wusste ich noch nicht viel über die Bande. Aber das, was ich gehört hatte, machte mir nicht gerade Mut.

Giselbert war der Sohn von Giselbert ohne Aug, dem Anführer einer Gruppe von Betrügern und Bettlern, die unten in der Roten Gasse und auf der Marktseite ihr Unwesen trieb. Der junge Giselbert war ziemlich groß für seine elf Jahre. Wie sein Vater hatte er das Sagen unter seinen Freunden. Sein langes, flachsblondes Haar war mindestens so schmutzig wie seine nackten Füße. Über seinem drahtigen Körper trug er einen Juteüberwurf, der vorne mit einem Seil zusammengebunden war. Seiner gebräunten Haut sah man an, dass er die meiste Zeit des Tages draußen verbrachte. Vielleicht war das Braune aber auch nur Schmutz.

Erst vor ein paar Monaten war Osto in unsere Stadt gekommen. Er war – ich traute mich kaum, daran zu denken – der Sohn des Scharfrichters. Zusammen mit seinem Vater wohnte er hinter der Kirche nahe dem alten Friedhof. Normalerweise blieben die Henker, wie sie in manchen Landstrichen auch genannt wurden, nicht lange in der Stadt, vielleicht ein oder zwei Jahre. Sie freundeten sich mit niemandem an und blieben lieber allein. Meist waren es seltsame Menschen. Daher war es erstaunlich, dass der in unserer Stadt einen Sohn hatte. Scharfrichter hatten nie Söhne! Osto mit seinen schwarzen Haaren und seinem gedrungenen, kraftvollen Körper jedenfalls war auch seltsam und passte gut zu seinen drei neuen Freunden aus der Roten Gasse.

Ein Mitschüler hatte mir erzählt, er habe gesehen, wie Osto bei Vollmond auf dem Friedhof einem Vogel bei lebendigem Leibe die Flügel herausgerissen habe – nur so zum Spaß. Wie schrecklich musste das Tier gelitten haben! Vielleicht hatte Osto seinem Vater bei der Arbeit zugesehen und wollte ihm nacheifern. Als Henker musste der nicht nur die Hinrichtungen, sondern auch die Folterungen und kleineren Körperstrafen vollstrecken: Finger und Hände abschlagen oder abschneiden, Augen ausstechen oder blenden, Züchtigungen mit der Peitsche und noch viele entsetzliche Dinge mehr.

Einochs und Schnapphahn waren Brüder, beide rothaarig wie das Feuer in der Esse des Schmiedes. Sie lebten mit Giselbert im Kellergewölbe einer üblen Spelunke in der Roten Gasse, in der es immer hoch herging. Tagein, tagaus spielten die Halunken dort ein Brettspiel namens *Fuchs und Gänse.* Um Geld, versteht sich.

Einochs hatte keinen Hals. Sein runder Kopf lag unmittelbar zwischen den Schultern seines kräftigen, bulligen Körpers. Man hatte den Eindruck, er rolle mehr, als dass er auf seinen ungewöhnlich kurzen Beinen liefe. War Einochs dick wie eine Tonne Pökelfleisch, so war Schnapphahn das genaue Gegenteil: lang, dürr und schlaksig. Zwei listige Augen blitzten aus seinem pflaumenförmigen Kopf. Die Brüder schlugen schnell zu und hatten schon manche Prügelei angezettelt. Schnapphahn war nicht sehr stark, aber dafür nie ohne Begleitung seines Bruders unterwegs.

Schon zu dritt waren Giselbert, Einochs und Schnapphahn unerträglich gewesen. Aber nun, da sie Verstärkung durch Osto bekommen hatten, wurden sie zu einer regelrechten Plage. Sie suchten nur Ärger. Wenn sie nicht gerade Vögel, Ratten, Katzen, Hunde oder Kinder jagten, traktierten sie sich für gewöhnlich gegenseitig. Ihr Geschrei und Gezanke war dann bis zur Klosterseite zu hören.

An jenem Montag, als mein Schicksal eine neue Wendung nahm, stand die Bande wie immer an der Brücke und wartete auf ihre Opfer. Während Einochs, Schnapp-

hahn und Osto sich stritten, hielt Giselbert wachsam Ausschau nach uns. Er wusste, dass wir um diese Zeit von der Schule zurück nach Hause in die Altstadt gingen. Die „Mönchlein", damit waren wir Klosterschüler gemeint, hatten etwas Geld, Gebäck oder Schinken dabei, um den Brückenzoll zu entrichten. Einen anderen Weg über den Fluss gab es nicht. Es sei denn, man ging Richtung Süden aus der Stadt heraus, etwa zehn Meilen Richtung Osten am Fluss entlang, setzte mit einer Fähre über, ging zehn Meilen Richtung Westen zurück zur Stadt und betrat diese dann durch das Osttor. Das war die einzige Möglichkeit, den vieren zu entgehen.

Die Erwachsenen ahnten von den Schikanen der Bande natürlich nichts. Keiner von uns Mönchlein hatte den Mut, sie zu verraten. Wer weiß, was sie mit uns angestellt hätten. Am besten man zahlte ohne Widerstand und ging seines Weges. Auch ich hielt es für klüger, keinen Streit mit Giselbert, Osto, Einochs und Schnapphahn anzufangen.

Aber an diesem Tag sollte ich Schwierigkeiten mit ihnen bekommen. Ich hatte meinen Brückenzoll vergessen. Er lag zu Hause.

Kapitel 11

… in dem ich versuche,
mich unsichtbar zu machen,
und dabei etwas entdecke

„Was machen wir jetzt?" Norbert sah mich ratlos an. „Die lassen uns nie rüber ohne Brückenzoll." Er hatte sich auf mich verlassen und auch nichts dabei.

„Silentium … ich meine, … Ruhe. Ich muss nachdenken", herrschte ich Norbert an und zerrte ihn hinter eine Hausecke. Ich blickte die Straße entlang, die vom Stadttor zur Brücke führte. Es war später Nachmittag und die Leute gingen noch immer rastlos ihren Geschäften nach. Fußgänger und Pferdekarren teilten sich die schmale, schmutzige Straße. An der Brücke verengte sich der Weg wie ein Flaschenhals.

Ein einachsiger, hochbeladener Karren polterte auf uns zu. Vor der alten Mähre lief ein Rudel von etwa zwanzig aneinandergebundenen Hunden, beladen mit kleinen Säcken. Das Kläffen der Trageriere war unerträglich und wir mussten uns die Ohren zuhalten. Plötzlich kam mir die rettende Idee.

„Norbert, pass auf!", rief ich. „Wir werden jetzt neben diesem Karren im gleichen Tempo herlaufen. Er fährt Richtung Brücke. Giselbert und seine Spießgesellen werden auf der anderen Seite stehen und uns nicht sehen. Du darfst bloß nicht reden, wenn wir auf ihrer Höhe sind. Und geh immer schön geduckt neben dem Wagen her! Verstanden?"

„Verstanden! Aber was machen wir, wenn sie uns doch sehen?"

„Laufen, rate ich dir, sonst sind wir dran. Ich werde so schnell sein wie der Pfeil eines walisischen Langbogens. Und das ist sehr schnell! Jetzt aber los, da kommt der Karren!"

Als das Gefährt an uns vorbeirumpelte, traten Norbert und ich mit einem mutigen Schritt hinter der Hausecke hervor. Dann bewegten wir uns im Schutz des Karrens auf die Brücke zu.

Ich musste aufpassen, dass ich mit dem Fuß nicht unter das Wagenrad geriet, da der Weg zusehends enger wurde. Durch die Plane über der Ladefläche konnte ich Giselbert, Osto, Einochs und Schnapphahn nicht mehr sehen, wusste aber, dass wir ihnen immer näher kamen. Mein Herz schlug mir bis zum Hals. Als wir die Brücke betraten, hörte ich Giselbert sagen: „Wo bleiben nur die Mönchlein, ich kriege langsam Hunger!" Ich hoffte, dass sich sein Hunger auf den Schinken und nicht auf Norbert und mich bezog. Doch selbst Giselbert konnte man kaum zutrauen, dass er sogar Menschen aß.

Tatsächlich schafften wir es, unbemerkt an der Brückenbande vorbeizukommen. Langsam ließ mein Herzklopfen nach und ich blickte mich um. Keiner verfolgte uns.

Als wir das andere Ende der Brücke erreicht hatten, entdeckte ich ein Funkeln inmitten der Ladung. Neugierig hob ich die Plane. Zwischen den Waren versteckt lagen Schwerter und Lanzen, Dolche, eisenbeschlagene Knüppel, Messer und sogar ein Morgenstern! Ganz offensichtlich Kriegswaren. Für wen sollte das sein? Damit könnten Männer bewaffnet werden, um in die Schlacht zu ziehen oder eine Burg zu belagern – eine Burg oder … Mein Herz trommelte erneut wie wild: … oder eine Stadt wie diese hier!

Mir fiel ein, was Robert mir über das Stadtrecht erzählt hatte. In der Stadt durfte nur mit ausgesuchten Waren gehandelt werden, wie mit Tuchen, Lederwaren, Lebensmitteln und Schmuck. Kriegsgerät war ganz sicher nicht erlaubt. Bewaffnete Bürger würden den Stadtfrieden bedrohen und den Handel gefährden. Es könnte zu Unruhen und damit zu Tod und Verderben kommen. Die Menschen der Stadt hassen nichts mehr als den Krieg und nichts lieben sie so sehr wie das Geldverdienen.

Nur die Männer des Burgherrn trugen Waffen, um die Stadt im Ernstfall verteidigen zu können. Niemand sonst durfte Waffen kaufen oder in die Stadt bringen. Aber vielleicht war es ja eine Waffenlieferung für die Burg? Immerhin hatten die Torwachen den Wagen durchgelassen.

Oder hatten sie nur nichts gesehen? Das musste ich herausfinden.

„Sollten wir jetzt nicht besser verschwinden, Benedikt?" Norbert zupfte an meinem Umhang. Wir gingen immer noch neben dem Karren her.

„Ja, Norbert. Geh schon mal vor! Ich komme gleich nach."

„Nein, wenn du nicht mitkommst, gehe ich auch nicht!"

„Norbert, geh, ich komme wirklich gleich!"

Wir waren wohl zu laut gewesen. In diesem Moment brüllte der Mann vom Kutschbock: „Holla, was macht ihr da? Geht von meinem Karren weg, verdammtes Pack!"

Uns blieb nichts anderes übrig, als vom Wagen wegzutreten. Ich ließ ihn weiterfahren und wartete, bis der Kutscher sich nicht mehr nach uns umdrehte. Mit einigem Abstand schlichen wir hinterher. Wohin in aller Welt fuhr er mit den Waffen?

Kurz vor dem Marktplatz bog er ab ins Weberviertel. Also doch nicht zur Burg, dachte ich.

„Was machen wir eigentlich gerade? Spielen wir ein neues Spiel?" Norbert blickte mich etwas unsicher an. „Ich finde, wir sollten das Spiel morgen spielen und jetzt nach Hause gehen, sonst erwischt uns Giselbert doch noch."

„Norbert, reg mich nicht auf und sei still. Ich erklär es dir später!"

Durch eine finstere Straße folgten wir dem Karren mit seiner merkwürdigen Fracht in eine noch dunklere Gasse. Der Weg war so eng, dass der Wagen kaum hindurchpasste. Plötzlich verschwand er durch die geöffnete Tennentür eines Hauses. Krachend schloss sich das Tor. Dann war es still.

„Beeenneeedikt, lass uns jetzt gehen, biiitte!", flüsterte Norbert, der jetzt sichtlich Angst hatte. Er zitterte am ganzen Leib.

„Ja, ist in Ordnung, Kleiner." Ich hatte herausgefunden, was ich wissen wollte, und fühlte mich wie ein Ritter, der zu einem großen Abenteuer aufbricht. Das Schild am Haus verriet, dass der Karren anscheinend dem Wollhändler Wolfram gehörte, oder jemandem, der mit ihm Geschäfte machte. Dunkle Geschäfte allerdings. Morgen früh würde ich alles meinem Bruder Robert erzählen.

Der würde den Hauptmann der Wache informieren. Mittags würde Wolfram verhaftet werden – und abends wäre ich der Held der Stadt. Das Leben konnte so einfach sein.

Norbert und ich gingen die dunkle Gasse zurück. Während ich noch über meinen baldigen Ruhm nachdachte, riss mich eine Stimme aus meinen Träumereien und erinnerte mich daran, dass Helden auch gegen Widrigkeiten zu kämpfen haben.

„Na, so was, da haben die Mönchlein doch tatsächlich mal einen schlauen Einfall gehabt und sich auf der Brücke an uns vorbeigeschlichen. Aber nicht schlau genug, schätze ich." Giselbert spuckte eine ekelhafte rotbraune Masse aus. Mir klopfte das Herz bis zum Hals. Zum dritten Mal an diesem Tag!

Kapitel III

… in dem ich
schrecklich in der Patsche sitze
und Norbert ein dringendes Bedürfnis hat

„**H**ab ich nicht gesagt, dass wir von hier verschwinden sollen?", jammerte Norbert ängstlich.
Die Gasse lag schon fast in völliger Dunkelheit. Die Giebel der Häuser ragten hoch über uns auf. Im Widerschein der untergehenden Sonne wirkten sie wie gigantische Vögel, die auf uns heruntersahen. Sie schienen zu überlegen, ob sie uns sofort oder erst später aufpicken sollten.

„Was macht ihr hier?" Osto hatte das Wort ergriffen und schaute uns fragend an. Giselbert kaute gelangweilt irgendetwas Undefinierbares.

Vor Aufregung war mein Mund völlig ausgetrocknet und ich musste schlucken. Mit näselnder Stimme – es sollte ritterlich klingen – erklärte ich: „Mein Freund Norbert und ich haben einen Abendspaziergang gemacht. Nun wollen wir uns zurück in unser Haus begeben." Fast hätte ich *unsere Burg* gesagt.

Giselbert rülpste laut. „Erzähl keinen Unsinn, Mönchlein, und gib das Geld her. Meinetwegen auch Schinken. Und gnade euch Gott, wenn ihr unseren Brückenzoll vergessen habt!", blaffte er rüde. Dann schob er sich etwas in den Mund und begann aufs Neue zu kauen.

Norbert trat nervös von einem Bein aufs andere. Es war wohl nicht nur die Angst. Über uns krähte ein Rabe. Ich musste sofort an die Hinrichtung denken, die ich vor zwei Wochen auf dem Marktplatz gesehen hatte. Hatte Osto da nicht seinem Vater geholfen?

„Du hast es vergessen, stimmt's?", höhnte Giselbert schmatzend. „Mönchlein, Mönchlein …" Er schüttelte den Kopf und schien tief enttäuscht. „Du hast immer so schön gezahlt, es gab nie Ärger und jetzt muss ich ein Exstempel statuieren …"

„Ein Exempel statuieren", verbesserte ich automatisch.

„Ruhe!", fauchte er mich an. „… ein Exempel statuieren, damit die anderen Mönchlein nicht denken, man könne mich täuschen. Osto, zeig diesem Tölpel das Folterinstrument. Er soll sehen, was wir mit vergesslichen Mönchlein machen!"

Schnapphahn und Einochs kicherten. Osto, der Sohn des Henkers, kramte in seinem Umhang und nahm etwas heraus, das ich nicht erkennen konnte. Es war zu dunkel. Aber in meiner Fantasie wurde es zu einem schartigen Messer, einer rot glühenden Zange, einem meterlangen Richtschwert. Mir war so, als holte Osto genüsslich alle Arbeitsgeräte seines Vaters aus der Tasche.

Meine Nackenhaare sträubten sich und in meiner Kehle formte sich ein Schrei – aber noch bevor ich einen Mucks machen konnte, trat Osto auf mich zu. Er roch irgendwie nach Pferdeäpfeln. „Du hast meine Frage noch nicht beantwortet", erinnerte er mich.

„W…w…welche Frage?", gab ich zurück, während ich mühsam schluckte.

„Was ihr hier eigentlich macht." Osto grinste mich zynisch an. Gefühllos weidete er sich an unserer Angst.

Aber seine Frage ließ mich hoffen. Vielleicht konnte ich mit der Wahrheit das Unglück, das Norbert und mir drohte, noch abwenden. Der Kleine weinte still vor sich hin. Er tänzelte nicht mehr unruhig hin und her. Der Ärmste hatte sich dem Geruch nach gerade in die Hose gemacht.

So sprudelte ich meine Geschichte heraus: „Wir haben uns hinter einem Karren versteckt, um an euch vorbei über die Brücke zu kommen. Dabei fiel uns auf, dass dieser Wagen nicht nur Tuch oder Wolle transportierte, sondern Kriegswaren in rauen Mengen. Wir wurden neugierig und sind dem Wagen bis hierher gefolgt. Er ist in dem Tor dort verschwunden." Ich deutete auf das heruntergekommene Haus von Wolfram, dem Wollhändler.

Die vier drehten ihre Köpfe in die Richtung, in die ich zeigte. Giselbert schwieg einen kurzen Moment und sagte dann gelangweilt: „Na und, dann handelt er eben nicht mehr mit Wolle, sondern mit Waffen. Das ist doch egal, oder? Schnapphahn, Einochs, ihr haltet das Mönchlein fest. Osto, … fang an!"

Einochs und Schnapphahn hatten mich blitzschnell gepackt und mir den Arm auf den Rücken gedreht. Norbert wurde von Giselbert festgehalten und Osto kam auf mich zu. Der Pferdeäpfelgeruch wurde immer stärker.

„Neiiiin, Giselbert!", rief ich in höchster Angst. „Versteh doch, das darf Wolfram nicht! Niemand in der Stadt außer dem Burgherrn darf mit Waffen handeln oder sie besitzen. Das ist gegen das Stadtrecht! Nur wer auf Reisen geht, darf sich zum Schutz Waffen bei der Torwache ausleihen. Wer aber damit in der Stadt erwischt wird, landet bei Ostos Vater auf dem Richtplatz. Versteht ihr nicht? Da ist eine Belohnung drin!"

Trotz der Dunkelheit sah ich, wie Giselberts und Ostos Augen aufblitzten. Eine angespannte Stille trat ein. Ich konnte fast hören, wie die Golddukaten in Giselberts Kopf klimperten und klirrten. Die Aussicht auf Geld weckt in allen Schlitzohren die blanke Gier. Unsere Peiniger schienen noch zu zögern. Doch schließlich nickte Giselbert meinen beiden Wärtern zu und sie lockerten ihren Griff.

„Ich weiß nicht. Osto, was meinst du? Sollen wir ihnen glauben?" Scheinbar war nicht Giselbert der Denker der Truppe, sondern Osto. Wie man sich täuschen kann.

„Nun", fing Osto grübelnd an, „ich weiß auch nicht so recht, was ich davon halten soll. Aber warum haben die Mönchlein, nachdem sie uns getäuscht hatten, nicht einfach Reißaus genommen und sind in ihr Haus geflüchtet? Warum sind sie bis hierher ins Wollweberviertel gegangen, in eine dunkle Gasse, wenn an der Sache nichts dran wäre? Außerdem hab ich, wenn ich's mir recht überlege, von diesem Waffenverbot auch schon gehört. Ich denke, es könnte schon stimmen. Vielleicht sollten wir einfach überprüfen, ob die zwei die Wahrheit erzählt haben. Oder was meint ihr?" Dabei blickte er Einochs und Schnapphahn an.

„Nn…nnna…nachgucken wwwär nicht schlecht, oder was meinst du, SchSchSchn…napphahn, alter SchSchlll…lapphahn?"

„Nenn mich nicht Schlapphahn, du Ochfe! … Aber er hat aufnahmfweife recht, der Trottel", lispelte Schnapphahn und nickte den anderen zustimmend zu.

„Nun gut, meine Herren Schlaumeier", Osto senkte die Stimme, „dann wollen wir uns den Hof und den Karren von Wolfram, dem Wollhändler, mal genauer ansehen."

„Jetzt sofort!? Ihr wollt das jetzt überprüfen?" Ich konnte nicht glauben, dass sie das tatsächlich vorhatten. Der Wagen stand im Hof oder in der Tenne des Hauses. Da wohnten vielleicht bewaffnete Männer, die zu allem entschlossen waren. Wahrscheinlich hauste dort auch noch ein großer Hund, der Wache hielt. Außerdem dachte ich daran, dass meine Mutter mich schon seit einiger Zeit vermissen musste. Ich wusste nicht, was schlimmer war: ein großer Hund oder meine wütende Mutter.

„Na sicher", lachte Osto, „es ist dunkel! Einen besseren Zeitpunkt gibt es doch gar nicht, um nachzusehen. Wir wollen schließlich wissen, ob du die Wahrheit sagst."

„Stimmt, ich will das ganz besonders wissen", raunte Giselbert mir ins Ohr.

Dann gingen wir zu sechst auf das Haus zu.

Kapitel IV

… in dem ich einen Einbruch begehe
und einem dunklen Geheimnis
auf die Spur komme

Mein Bruder Bertram hatte mir einmal von Wolf-ram, dem Wollhändler, erzählt. Vor gar nicht langer Zeit war er noch sehr wohlhabend gewesen. Wie wir wohnte auch er in einem schönen Haus am Marktplatz und seine Geschäfte liefen gut. Doch dann starb seine Frau und mit ihr das Kind, das sie an dem Tag geboren hatte. Wolfram zerbrach an seiner Trauer, begann zu trin-ken und vernachlässigte seine Arbeit. Bald hatte er kein Geld mehr und seine Schulden fraßen ihn auf. Das Le-ben hatte es mit Wolfram nicht gut gemeint.

Nicht einmal ein Jahr nach dem Tod seiner Frau musste er sein Haus verkaufen und zog in die Wollgasse. Sein neues Heim war mit dem stattlichen Haus am Markt nicht zu vergleichen. Es bröckelte der Lehm und die bau-fälligen Balken faulten. Klein und schwarz vom Ruß der Kamine glich es einem alten Weiblein, das Stroh auf sei-nem krummen Rücken trägt und von der Last schwer ge-zeichnet ist.

Als wir nun vor dem Haus standen, jammerte ich ängstlich. Giselbert zischte mich wütend an, ruhig zu sein. Das Haus umgab völlige Stille. Das obere Stock-werk war noch hell erleuchtet. In den umliegenden Gebäuden waren die Lichter schon gelöscht. Wachsker-zen waren teuer.

An der linken Seite trennte ein schulterbreiter Durchgang das Haus Wolframs von dem seines Nachbarn. Giselbert erteilte seine Anweisungen: „Einochs und Schnapphahn, ihr haltet Wache und passt auf dieses kleine Kerlchen hier auf." Er deutete auf Norbert und hielt sich dabei demonstrativ die Nase zu. „Mönchlein und Osto, ihr kommt mit mir."

Damit ging er voran und den schmalen Gang hindurch. An der Hausmauer entlang gelangten wir in den Hof, den ein morscher Bretterzaun umgab. Osto und Giselbert rüttelten an den Zaunlatten, um eine ausfindig zu machen, die locker war. Schnell wurden sie fündig. Das war bei dem Zustand des Hauses nicht weiter verwunderlich. Sie zerrten vorsichtig an einer Planke und schon löste sie sich.

Giselbert drehte sich zu mir um und flüsterte: „Los, geh voran, Mönchlein. Ich folge dir. Osto, du bleibst hier und passt auf."

Giselbert schubste mich durch den Bretterspalt in den Hof. Ich hörte wie mein Umhang riss, als ich an einem alten Nagel hängen blieb. Giselbert kroch hinterher. Der Hof lag in vollkommener Dunkelheit und ich brauchte eine Weile, bis ich mich orientieren konnte. Nur einen Meter von uns entfernt stand der Karren. Rechts lag das Haus des Wollhändlers. Ich sah das rückwärtige Tennentor, durch das der Wagen in den Hof gelenkt worden war. Links grenzte ein kleiner Schuppen das Grundstück ab. Man hatte ihn wohl zu einem behelfsmäßigen Stall umgebaut, denn ich hörte das alte Pferd, das den Karren gezogen hatte, leise wiehern und schnaufen.

„Los, zeig mir die Waffen", drängelte Giselbert.

„Ja, ja, nur langsam. *Du* magst Ahnung vom Einbrechen haben, ich hab sie nicht."

„Schnickschnack, weiter, los."

Von hinten trat ich an den Karren, aber alles, was ich entdecken konnte, waren Kisten und Körbe. Ich hob eine alte Wolldecke hoch, aber auch dort war nichts zu finden. Giselbert ließ mich nicht aus den Augen.

„Und? Wo sind deine Waffen?"

„Sie waren hier auf dem Wagen, ganz sicher, Giselbert! Vielleicht haben sie sie in der Tenne ausgeladen."

Ich kam mir vor wie ein Narr, mit dem die Fantasie durchgegangen war und der die Dinge gesehen hatte, die gar nicht da waren.

Stumm sahen wir uns im Hof um und ich wusste nicht so recht, was ich tun sollte. Jetzt umzukehren und mit leeren Händen zurückzukommen war keine gute Idee. Ich nahm all meinen Mut zusammen und schlich in Richtung Haus. Die Waffen waren bestimmt hineingeschafft worden. Ich hatte sie ja mit eigenen Augen gesehen und ich war nicht verrückt!

„Wo willst du hin, Mönchlein?"

„Ich gehe ins Haus und suche da weiter!"

In diesem Moment hörten wir lautes Lachen aus dem ersten Stock.

„Du bist wahnsinnig, das ist zu gefährlich, lass uns verschwinden."

„Ich sehe mich nur in der Tenne um. Bin gleich wieder da."

Die Tennentür stand einen Spalt weit auf. Er war zu eng, um hindurchzuschlüpfen, und ich musste die Tür etwas weiter aufdrücken. Sie quietschte scheußlich in ihren

Angeln. Ich hielt den Atem an und lauschte. Oben lachte noch immer jemand. Vorsichtig schob ich mich durch den Türspalt und war in der Tenne. Durch die Ritzen der Deckenplanken fiel Kerzenlicht aus dem Raum darüber in die Diele. Hektisch und voller Angst, erwischt zu werden, begann ich die Tenne zu durchsuchen. Ich stöberte in Kisten, Fässern und Körben, schaute unter Decken und Planen, wühlte in fettiger Schafswolle, aber ich fand nichts. Die Ladefläche war doch voller Waffen gewesen!

Plötzlich klopfte es an dem großen Tennentor, das zur Gasse hinausführte. Ich hielt den Atem an. Gleich darauf kam jemand mit einer Kerze die Treppe herunter. Hastig versteckte ich mich hinter einem Fass. Von hier aus konnte ich den ganzen Raum überblicken.

Der Mann mit der Kerze war Wolfram und er öffnete eine kleinere Tür, die in dem großen Tennentor eingelassen war. Herein trat ein Mann, gehüllt in einen dunklen Umhang, die Kapuze tief ins Gesicht gezogen. Als Wolfram die Tür hinter ihm schloss, wendete der Mann sich in meine Richtung. Ich traute meinen Augen nicht: Es war Ildefons, der Sohn des Bauernschinders Gunter vom Berg.

„Seid Ihr schon wieder betrunken, Wolfram?", zischte Ildefons ärgerlich. „Ihr gefährdet mit Eurer Sauferei noch den ganzen Plan."

„Aber es ist doch alles gut gegangen. Der Karren steht im Hof, das Pferd im Stall und die Ware liegt in meinem Geheimfach. Seht her."

Er ging ein Stück in den Raum hinein, schob ein paar Kisten und Fässer beiseite, zog eine Decke herunter und öffnete eine große Truhe, die ich noch nicht entdeckt hatte. Ildefons und Wolfram sahen hinein und grinsten sich zufrieden an. Wolfram ließ den Kistendeckel krachend zufallen.

„Geht das auch leiser?", fuhr ihn Ildefons an.

„Ihr seid zu nervös, mein junger Herr, hier hört uns niemand!" Wolfram sprach schon ein wenig lallend. „Euer Vater wird zufrieden mit mir sein. Und sagt ihm, dass ich alles zurück möchte, wenn es geklappt hat, vor allem das Haus am Markt! So wie Ihr es mir versprochen habt."

„Ja, ja, macht Euch keine Sorgen. Schon nächste Woche seid Ihr ein betrunkener, dicker, reicher Mann." Er zog sich die Kapuze weiter ins Gesicht und trat zur Tür. Bevor er sie öffnete, drehte er sich noch einmal um und raunte: „Denkt daran, die Mannen meines Vaters werden am Abend vor dem nächsten Markttag zu Euch kommen. Einzeln. Verlangt das Losungswort zu hören! Es lautet: *Artus*. Vergesst nicht: *Artus*. Wenn einer das Geheimwort nicht kennt, erschlagt und verscharrt ihn. Gebt mir sofort Nachricht, damit wir unseren Plan ändern. Wir werden euch dann von neuen Vorhaben unterrichten. Nächste Woche muss die Stadt unser sein!" Damit verschwand er durch die Tür.

Wolfram sperrte hinter ihm ab und kletterte wankend wieder die Treppe hoch. Als er oben war, hörte ich ihn erneut lachen und grölen.

Ich hatte genug erfahren und gesehen. Als Beweisstück holte ich noch schnell einen kurzen Dolch aus dem Versteck und kehrte in den Hof zurück. Giselbert aber war verschwunden. Auch von Osto war nichts zu sehen. Verwundert kehrte ich in die Gasse zurück und ging sie ein Stück hoch. Als ich schon fast wieder die Straße zum Markt erreicht hatte, legte plötzlich jemand seine Hand auf meine Schulter. „Du bist ein mutiges Mönchlein", lobte mich Giselbert.

„Was man von euch nicht gerade sagen kann! Wo wart ihr?", fragte ich ärgerlich.

„Als der Reiter kam, haben wir uns, sagen wir: zurückgezogen. Wir konnten dich nicht mehr warnen. Aber jetzt erzähl! Was hast du gesehen und gehört?"

Ich berichtete ihnen von meiner Suche, dem Waffenversteck und dem Gespräch Wolframs mit Ildefons. Als ich Ildefons' Namen nannte, pfiff Giselbert überrascht durch seine Zähne.

„Bist du sicher? Dieser hochnäsige Widerling?", fragte er mit sorgenvoller Miene.

„Absolut!", sagte ich selbstbewusst.

Er blickte mir kurz in die Augen. Dann deutete er auf den Dolch in meiner Hand. „Wie ich sehe, hast du auch noch einen Beweis für deine Geschichte mitgebracht."

„Ja, anders hättet ihr uns wohl kaum geglaubt."

Die vier steckten die Köpfe zusammen und tuschelten. Schließlich kam Osto auf mich zu. „Giselbert ist sehr beeindruckt von deinem Mut und wir glauben dir die Geschichte. Aber jetzt ist es besser, wenn wir uns trennen. Wir treffen uns morgen und überlegen, was zu tun ist!" Dann verschwanden sie in der Dunkelheit.

„Wo treffen wir uns?", wollte ich noch wissen.

„Wir treffen euch!", rief Osto mir zu.

„Osto!", schrie ich hinter ihm her, denn ich wollte noch etwas wissen. „Womit hättest du uns gefoltert?"

„Mit Pferdeäpfeln. Wir hätten euch mit Pferdeäpfeln eingeschmiert. Und nicht zu knapp. Ihr hättet zwei Tage gestunken wie die Abdecker."

Kapitel V

… in dem ich über vieles nachdenke
und ein königlicher Mantel
mein Aufsehen erregt

Nach den Aufregungen in der Wollgasse musste ich zu Hause die Strafpredigt meiner Mutter über mich ergehen lassen. Sie verpasste mir vier Ohrfeigen. Auf ihre Frage, wo um alles in der Welt ich mich denn so lange herumgetrieben hätte, konnte ich nur sagen: „Weiß nicht, hab irgendwie die Zeit vergessen." Diese Antwort brachte sie noch mehr auf: „Dann kannst du dein Abendessen auch vergessen!", fuhr sie mich an.

So lag ich mit knurrendem Magen im Bett. Aber an Schlafen war nicht zu denken. Hellwach gingen mir die Erlebnisse der letzten Stunden durch den Kopf. Der Traum vom Helden der Stadt war wohl ausgeträumt. Die ganze Sache war durch das Auftauchen von Ildefons bei Wolfram wesentlich komplizierter geworden.

Würde ich dem Hauptmann der Wache von den Waffen in Wolframs Haus erzählen und er würde sie dort finden, wäre ich über kurz oder lang in der Stadt so bekannt wie der Papst in Rom. Dann hätte ich Ildefons' Plan vereitelt. Er aber bliebe auf freiem Fuß. Kein Mensch würde ihn mit den Waffen in Verbindung bringen. Für das Komplott hätte ich keine Beweise.

Mein Ruhm würde also nur von kurzer Dauer sein, aber die Rache Ildefons' und seines Vaters wäre so sicher wie das Amen in der Kirche.

Mir wurde mulmig zumute. Hier ging es nicht um einen Dummejungenstreich. Nein, ich konnte die Verschwörung nicht verraten und gleichzeitig naiv darauf hoffen, dass Ildefons und sein Vater sich nicht an mir rächen würden. Ich wollte mir gar nicht ausmalen, zu was die beiden fähig wären. Mir schauderte.

Aber was genau hatten Ildefons und Gunter vom Berg vor? „Nächste Woche muss die Stadt unser sein", hatte Ildefons gesagt. Nur wenn Graf Ullrich, unser Stadtherr, tot wäre und seine Tochter Adelgund sein Erbe antreten würde, könnte die Stadt durch Heirat in die Gewalt eines anderen übergehen. Soviel ich wusste, war Adelgund erst zwölf, was nicht heißen musste, dass man ihr nicht schon einen Mann ausgesucht hatte. Allerdings war mir nicht bekannt, ob Ildefons der Auserkorene war.

Die schöne Adelgund! Ich seufzte, als ich an sie dachte. An den Jahrmarkttagen besuchte sie immer zusammen mit ihrem Vater die Heiligenspiele. Sie war wirklich sehr hübsch.

Ich riss mich aus meinen süßen Träumen und zwang mich wieder an mein Problem zu denken. Also, wer waren die Männer, die Gunter vom Berg in die Stadt schicken wollte und die selbst vor Mord nicht zurückschrecken würden, um ihr dunkles Treiben zu vertuschen? Was konnten ein paar bewaffnete Männer schon anrichten? Die hervorragend ausgebildeten Soldaten des Grafen würden im Handumdrehen mit ihnen fertig werden. Doch Ildefons hatte absolut siegessicher auf die Waffen im Versteck geblickt. Was auch immer sie planten, es sollte am Markttag passieren. Der fand am Freitag statt. Also in vier Tagen. Oh Gott, schon so bald!?

Die ganze Geschichte war eindeutig eine Nummer zu gefährlich für einen zehnjährigen Klosterschüler. Ich musste morgen Giselbert und die anderen davon überzeugen, doch nicht zum Hauptmann der Wache zu gehen. Es würde nicht leicht werden. In Giselberts Augen war die blanke Gier zu sehen gewesen, als ich eine Belohnung erwähnt hatte. Aber er musste die Gefahr erkennen, die auch für ihn und seine Bande bestand, und vielleicht … vielleicht …

Meine Gedanken drehten sich im Kreis. Irgendwann musste ich wohl doch eingeschlafen sein. Wie Wölfe in dunkler Nacht den Wagen eines Händlers belauern, begleiteten düstere Träume meinen unruhigen Schlaf …

Unsanft packte mich jemand mit kalten Händen an den Füßen. Erschrocken fuhr ich auf. Unsere Magd Elsbeth stand vor mir und grinste mich an. Ich stieß einen unschicklichen Fluch aus. Mit gespieltem Entsetzen bekreuzigte sich Elsbeth und sagte dann lachend: „Euer Bruder Bertram wartet unten auf Euch. Ihr sollt ihm bei der Schreibarbeit helfen."

„Und wo ist Robert?"

„Schon im Kaufhaus der Gilde."

„Und Mutter?"

„In der Frühmesse."

Ich quälte mich benommen aus dem Bett. Elsbeth hatte einen Krug mit Wasser auf den kleinen Schemel neben mein Bett gestellt. Die kalten Wasserspritzer im Gesicht weckten meine Lebensgeister. Sofort spürte ich meinen leeren Magen, der nach Nahrung knurrte wie ein wildes Tier. Schnell zog ich mich an, sprang die Treppe hinunter und setzte mich in der Küche an den Tisch. Mit großem Hunger verschlang ich einen Teller Hafergrütze, einen Apfel und eine Birne.

Ich traf meinen Bruder vor dem Haus, wie er gerade mit vier Knechten einen vierrädrigen Wagen, der soeben aus Flandern angekommen war, entlud. Sie trugen die Ware in unsere Tenne, die wie unser ganzes Haus doppelt so groß war wie Wolframs. Hinter dem Wagen standen etwa zehn Waffenknechte, die die wertvolle Fracht begleitet hatten. Elsbeth und eine weitere Magd versorgten sie mit Käse, Brot und Äpfeln. Die Männer ließen es sich schmecken und scherzten laut und derb mit den Mägden.

Mein Bruder trieb die Hausknechte zur Eile an. Sein nervöser Gesichtsausdruck verriet mir, dass er die Fuhre möglichst schnell auspacken und kontrollieren wollte. Die Männer sollten bezahlt werden und wieder verschwinden. Zwar hatten sie die Waffen am Stadttor abgegeben, aber auch unbewaffnet machten sie einen gefährlichen Eindruck.

„Da auf dem Tisch liegen Federkiel, Papier und die Frachtaufstellung. Kontrolliere sie, bitte, und sag mir Bescheid, ob alles da ist, was auf der Liste steht. Ich möchte diese Bande alsbald aus dem Haus haben", raunte mir Bertram mit einem Blick auf die Waffenknechte zu.

Ich ging rasch zum Tisch und machte die Aufstellung. Es waren sehr edle Tuche, die man in solcher Machart nur in flandrischen Städten wie Brügge oder Gent bekam. Viele waren aufwändig mit Perlen und Gold verziert. Eine wirklich teure Lieferung. Die zehn Männer waren zu ihrem Schutz unerlässlich gewesen.

Immer neue Truhen mit Stoffen trugen mein Bruder und die Knechte heran. Ich musste mich beeilen, um mit meiner Aufstellung mitzukommen. Ein Mantel aus feinstem Leinen mit einem Kragen aus Fuchspelz fiel mir besonders auf. Gesäumt mit Goldbrokat und mit Knöpfen wie Golddukaten, die in silberne Schlaufen eingehängt wurden, kam er dem Mantel eines Königs gleich. So edel und teuer wirkte er. Ich pfiff bewundernd durch die Zähne.

Bald waren wir mit der Frachtkontrolle fertig. Nachdem mein Bruder Bertram den Waffenknechten ihren Sold ausgezahlt hatte, verließen sie unter lautem Gegröle die Tenne.

„Mein Gott, wie ich dieses Kriegsgesindel hasse", stöhnte Bertram, als er die Tennentür hinter den Männern geschlossen hatte. „Ich wundere mich wirklich, dass sie tatsächlich immer alles abliefern, was sie für uns transportieren."

Er sah auf meine Liste, dann auf die übereinanderliegenden Tuchballen auf dem Tisch und lächelte zufrieden. „Die vornehmen Damen werden am Markttag begeistert sein und uns hohe Preise bezahlen. Unser kluger Robert hatte recht, diese Bestellung in Flandern aufzugeben. Wer nicht wagt, der nicht gewinnt." Fröhlich pfeifend begann er die Waren ins Lager zu bringen. Auch die Knechte waren guter Dinge. Sie neckten mich und wollten wissen, was ich gestern Abend angestellt hatte. Ich erzählte ihnen das Gleiche wie meiner Mutter, aber das glaubten sie mir nicht. Sie machten sich über mich lustig und stellten die wildesten Vermutungen an.

Beim Einräumen fiel mir wieder der wunderbare Mantel in die Hände. Aus purer Neugier fragte ich meinen Bruder, ob dieser auch am Markttag verkauft würde.

„Oh, nein!", sagte Bertram. „Der ist schon verkauft, besser gesagt: bestellt."

„Von wem?", drängte ich.

Er sah mich verschwörerisch an und flüsterte mir ins Ohr: „Die Knechte brauchen es nicht zu wissen. Diesen Mantel hat Ritter Gunter vom Berg bestellt und morgen bringt Robert den Mantel zur Burg. Er hat diese Bestellung nicht gerne entgegengenommen. Du weißt ja, wie sie Gunter nennen: Gunter vom Schuldenberg. Aber was soll man machen? So ein Ritter kann einem übel mitspielen, wenn man ihn verärgert."

Das glaube ich dir aufs Wort, dachte ich, und fragte weiter, ob er denn wisse, wofür Graf Gunter so einen teuren Mantel brauche.

„Wahrscheinlich will er König werden", scherzte er.

Ich konnte nicht mitlachen. Ganz im Gegenteil, mir wurde vor Angst ganz übel. Nein, König wollte Gunter nicht werden, aber neuer Stadtherr, da war ich mir sicher. Bertram schüttelte sich immer noch vor Lachen, als ich auf den Hof Richtung Abort rannte.

Er rief hinter mir her: „Komm aber gleich zurück. Wir haben noch einiges zu tun!"

Meine Sorgen erdrückten mich. Den restlichen Morgen über versuchte ich sie zu verdrängen. Ich wollte mich

überhaupt nicht mehr um die ganze Angelegenheit kümmern. Ein Stadtherr war wie der andere. Was sollte ich
mich da einmischen? Nein, das war nicht meine Sache.
Als mein ältester Bruder Robert gegen ein Uhr aus dem
Kaufhaus der Händlergilde zurückkam, war ich mir
sicher, dass ich nichts unternehmen würde. Das war zwar
feige, rettete aber mein Leben.

Dieser Grundsatz hielt so lange, bis die Glocke der Kirche zweimal schlug. Es klopfte an der Tennentür. Die
Knechte waren unterwegs, so öffnete ich.

Mein Herz blieb fast stehen. Schlagartig wusste ich, dass
ich die Verschwörung vereiteln musste.

Kapitel VI

… in dem ich erst
schrecklich verliebt und
später unglaublich wütend bin

„Seid gegrüßt, edles Fräulein", stammelte ich. Vor mir stand das anmutigste und bezauberndste Mädchen – Fräulein Adelgund vom Fluss. Es war kein Traum. Sie war leibhaftig vor mir, nur eine Armlänge entfernt. Ich sah in ihre hellen grünen Augen.

„Bursche", rief sie bemüht arrogant mit glockenheller Stimme, „ich habe gehört, hier sollen wunderschöne Tuche aus Flandern angekommen sein. Sag deinem Herrn, dass ich sie zu sehen wünsche."

„So…so…sofort", stotterte ich, trat zurück und stolperte über einen hölzernen Keil. Armrudernd fiel ich rücklings auf den Boden.

„Seht nur, Hildegard", wandte sich Adelgund kichernd an ihre Zofe, „meine Kleider sind so alt und hässlich, dass schon die Knechte vor Schreck umfallen, wenn sie mich darin sehen."

„Nicht doch, nicht doch, … Fräulein, ich gehe holen meinen Bruder!" Ich rappelte mich wieder auf, um Robert zu suchen. … *ich gehe holen meinen Bruder,* mein Gott, was war los mit mir? Ich war vollständig durcheinander.

Als ich mit Robert zurückkam, standen Adelgund und ihre Zofe mitten in der Tenne und blickten sich um. Mein Bruder ging auf sie zu, machte eine tiefe Verbeugung und fragte: „Fräulein Adelgund, womit kann ich Euch dienen?"

„Eure Lieferung aus Flandern, die hätte ich gerne gesehen", flüsterte sie fast. Ihre Stimme klang nicht mehr arrogant, nur neugierig.

„Ihr wisst doch, dass ich die neuen Stoffe nur im Kaufhaus der Gilde zeigen darf?"

„Ja, aber für uns könnt Ihr doch eine kleine Ausnahme machen, Meister Robert, nicht wahr?" Jetzt legte sie in ihre Stimme ein charmantes Betteln. Ich merkte, wie mein Bruder weich wurde.

„Gut, aber nur einen Augenblick und erzählt es nicht weiter. Mein Bruder Benedikt wird Euch die Stoffe zeigen."

Mit weichen Knien begleitete ich Adelgund in den Lagerraum. Dort bewunderte sie mit ihrer Zofe die herrliche Ware. Abwechselnd stießen sie kleine Entzückensschreie aus. Schließlich seufzte Adelgund. „Wenn mir mein Vater doch nur neue Kleider aus diesen prächtigen Stoffen fertigen lassen würde." Sie drehte sich zu mir um. „Du bist der Bruder und nicht der Bursche des Hauses?"

„Ja, bin der jüngste Sohn", schaffte ich ohne Stottern zu sagen und ergänzte noch: „Werde Priester oder Mönch!"

„Priester oder Mönch? So ein hübscher Junge wie du es bist? Ach, Hildegard, findest du nicht auch? Ich werde nie verstehen, wie man freiwillig ins Kloster gehen kann." Mit ihren strahlenden grünen Augen sah sie mich fragend an. Ich wurde zusehends nervöser. Unvermittelt kehrte sie auf dem Absatz um und stolzierte aus dem Raum. Kurz vor der Tür hielt sie inne und seufzte mit traurigem Blick in den Augen: „So viele schöne Sachen

hast du hier, Benedikt! So viele schöne Sachen! Bei der Mutter Gottes, es quält mich, länger zu bleiben. Ich werde gehen! Gruß an deine Familie."

Zitternd schloss ich die Tür hinter ihr und atmete auf. Sie war so schön, bei allen Heiligen, so wunderschön. Und sie fand mich hübsch, zu hübsch fürs Kloster jedenfalls. Verträumt lehnte ich an der Tür und malte mir aus, wie sie in einem herrlichen Kleid vor mir stand. Dann gab sie mir einen Kuss …

Die Kirchturmglocke riss mich aus meinen Tagträumereien. Es war halb drei. Der Unterricht im Kloster begann in einer halben Stunde. Adelgunds Bild schwebte mir noch immer vor Augen. Gut gelaunt sprang ich die Treppen hoch, holte meine Wachstafel, Federkiel und Tinte, nahm meinen Umhang und machte mich auf den Weg zum Kloster.

Draußen wartete bereits Norbert auf mich und löcherte mich mit Fragen. Ob ich auch eine Tracht Prügel bekommen hätte, was das für ein Wagen mit zehn Mann Begleitung gewesen sei, ob uns Fräulein Adelgund gerade besucht hätte, warum ich in so guter Stimmung sei, obwohl wir doch gestern so seltsame und höchst beunruhigende Dinge erlebt hätten, und, und, und.

Genervt blieb ich stehen und fuhr Norbert an: „Norbert! Schweig! Alles zu seiner Zeit!" Überrascht sah er mich an und verstummte beleidigt.

Bald hatten wir die Brücke passiert und bogen in die Straße zum Kloster ein. Als ich schon die Klostermauer sah, hörte ich plötzlich Hufgetrappel hinter mir. Es kam schnell näher. Ich drehte mich neugierig um und konnte Norbert gerade noch am Kragen packen und zur Seite zerren. Knappe Ildefons ritt in vollem Galopp an uns vorüber. Dabei hieb er wie ein Besessener mit der Reitgerte auf sein Pferd ein. Kurz vor dem Klostertor riss er mit einem heftigen Ruck an den Zügeln. Das Pferd blieb abrupt stehen, wieherte gequält und stieg auf seine Hinterbeine. Darauf war Ildefons nicht gefasst und er fiel rücklings hinunter. Laut fluchend rappelte er sich mit hochrotem Kopf wieder auf und prügelte erneut auf das arme Tier ein. Dabei schrie er: „Alte Mähre, dummes, undankbares Stück Vieh! Ich werd dir austreiben deinen Herrn abzuwerfen!"

Ich erstarrte, als ich sah, wie brutal Ildefons auf das Pferd einschlug und dabei brüllte und schrie wie ein Geisteskranker. Das leidvolle Wiehern hatte schon einige Menschen angelockt. Ich fühlte Wut in mir aufsteigen. So sollte niemand mit Gottes Geschöpfen umgehen. Ich

ballte meine Fäuste und stürmte auf Ildefons zu. Mit der
Eleganz eines Ziegenbocks rammte ich ihm meinen Kopf
in den Bauch und stieß in um. Verdutzt blickte er mich
an, als er vor mir auf dem Boden saß. In seiner Überra-
schung hatte er die Zügel des Pferdes gelockert. Sofort
riss das Tier sich los und preschte davon. Als Ildefons
begriffen hatte, was passiert war, hatte ich mich schon
längst Richtung Stadtmauer davongemacht.

Schimpfend und fluchend nahm Ildefons die Verfol-
gung auf. Er war zwar nicht der Schnellste im Denken,
dennoch besser trainiert als ich. Er besaß mehr Ausdauer
und holte bald auf. Ich suchte nach einer Möglichkeit,
zwischen den Häusern zu verschwinden. Die Leute in
der Gasse sprangen verwundert zur Seite. Mein Atem

ging schwer. Groß und düster tauchte bereits die Mauer vor mir auf. Dort ging es nicht mehr weiter. Jetzt half nur noch ein *Vater unser* oder ein Wunder.

Mein wütender Verfolger war nun dicht hinter mir. Heftig atmend schlug er mit der surrenden Reitgerte nach mir. Kurz bevor ich die Stadtmauer erreichte und mich meinem Schicksal ergeben wollte, hörte ich hinter mir einen dumpfen Schlag. Es folgte ein jäher Schrei und ein Platschen. In vollem Lauf wagte ich einen Blick über meine Schulter.

Ildefons war gestürzt und lag mit dem Gesicht in einem frischen, grünbraunen Kuhfladen. Hinter ihm standen Giselbert, Einochs und Schnapphahn, einen halb vollen Getreidesack in den Händen. Wie aus dem Nichts war die Bande aufgetaucht und hielt sich nun vor Lachen den Bauch.

Keuchend blieb ich stehen. Als Ildefons den Kopf aus dem Kuhfladen hob, prustete ich los. Doch ich hatte kaum verschnauft, da packte mich plötzlich jemand am Kragen und zog mich in einen Hauseingang. Es war Osto. Er nahm mich an die Hand und floh mit mir durch das Gewirr aus Häusern und Gässchen.

Schließlich gelangten wir in einen Raum, der aussah wie eine Höhle. Das war wohl der Unterschlupf meiner vier Retter. Ich schnappte nach Luft und sah mich um. In einer Ecke lagen drei Strohsäcke und auf einem Schemel in der Mitte des Raums stand eine Kerze. Osto entzündete sie. Ihr spärliches Licht erleuchtete eine Holztreppe, die zu einer Klappe in der Decke führte. Osto hatte mich durch unterirdische Gänge, die die Häuser miteinander verbanden, in den Keller eines Hauses geführt.

„Geschickt, nicht wahr? Diese Gänge sind unglaublich praktisch. Wenn der Nachtwächter mit seinen Knechten abends eine Razzia macht, können die Gäste durch diese Tunnel schnell entkommen." Osto nickte in Richtung Treppe und zündete noch eine weitere Kerze an. Von oben drangen die Geräusche einer Gaststätte herunter. Dunkle Männerstimmen und helles Frauenlachen. Dazwischen klapperten tönerne Becher.

„Die anderen kommen gleich." Osto setzte sich auf einen Getreidesack.

Nun, da ich mit Osto alleine war, nutzte ich die Gelegenheit, ihn etwas zu fragen. Es interessierte mich schon lange: „Osto, stimmt es, dass du einmal einem Vogel bei lebendigem Leibe die Flügel ausgerissen hast?"

„Blödsinn, wer erzählt denn so was?", gab er empört zurück.

„Das habe ich gehört. – Oben auf dem Friedhof hat dich einer dabei beobachtet."

„Beim Flügelausreißen? Quatsch! Ich hab da mal einen Vogel gefunden, dessen Flügel gebrochen war. Ich habe ihn geschient. Das war eine Heidenarbeit mit so kleinen Holzleisten. Aber nach einer Woche ist er wieder geflogen. War ein tapferer kleiner Kerl." Er blickte geistesabwesend an die Kellerdecke, als sähe er dort den Vogel fortfliegen. Ich schämte mich ein bisschen. Dann warteten wir schweigend auf den Rest der Bande.

Kapitel VII

… in dem wir uns beraten
und ich in der Schule
von allen bewundert werde

Bald tauchten auch die anderen auf. Sie warfen sich lässig auf die Strohsäcke und blickten Giselbert erwartungsvoll an.

„Du scheinst Ärger zu lieben, Mönchlein. Aber ausgerechnet mit Ildefons! Ich weiß nicht, ob das eine gute Idee war." Giselbert biss in eine Zwiebel und starrte mich spöttisch an.

„Dieser miese Bursche", rief ich empört, „ein Ritter will er werden! Ritter schützen die Schwachen und Armen, sind edel und gerecht. Sie achten auf die Unschuldigen und kämpfen für sie und schlagen sie nicht halbtot. Auch ein Pferd ist ein Geschöpf Gottes und verdient …"

„Ja, ja! Schon in Ordnung. Du brauchst jetzt keine Predigt zu halten!", fiel mir Giselbert ins Wort. Ungeniert ließ er einen fahren, sodass sich alle die Nase zuhielten.

Gelangweilt blickte er mich an. Mit näselnder Stimme schlug er vor: „Wir haben uns gedacht, du gehst zum Hauptmann, meldest diese Waffengeschichte, kassierst die Belohnung und wir machen halbe-halbe. So ist der Plan!" Er biss erneut in die Zwiebel und wartete auf meine Reaktion.

„Nein, das halte ich für keine gute Idee. Wenn wir die Sache melden, dann wird Wolfram verhaftet, aber Ildefons und sein Vater bleiben auf freiem Fuß. Und das bedeutet, dass ich und meine Familie Ärger bekommen und das nicht zu knapp. Da verzichte ich gerne auf das Geld."

„Mönchlein, ob du Ärger kriegst, ist mir egal. Du scheinst ihn ja sowieso magisch anzuziehen. Ich will meine Belohnung, sonst nichts. Außerdem muss der Hauptmann deinen Namen ja nicht an die große Glocke hängen. Oder was meinst du, Osto?"

Osto saß auf dem Schemel. Sein Blick wanderte nachdenklich von Giselbert zu mir. „Was schlägst du denn sonst vor?", fragte er mich. „Willst du die Geschichte auf sich beruhen lassen?"

Nun war es wohl das Beste, die Bande in meine Überlegungen einzuweihen. Ich räusperte mich und begann mit fester Stimme: „Also, ich glaube, dass die Sache ernster ist, als wir bisher angenommen haben. Da steckt noch mehr dahinter. Ich vermute, dass Gunter vom Berg vorhat, die Herrschaft über die Stadt zu erlangen – und das bald. Dafür muss er unseren Grafen Ullrich stürzen. Dann kann er seinen Sohn Ildefons mit Fräulein Adelgund verheiraten und schon ist er der neue Herr. Er wird genug Geld aus der Stadt herauspressen und damit seine Schulden bezahlen, so wie er es auch mit seinen Bauern macht. Bloß haben die nichts mehr."

Giselbert hörte auf zu kauen und blickte mich ungläubig an. Dann sah er unsicher zu Osto.

„Vielleicht wollen Gunters Leute nur einen Gläubiger erledigen, dem er viel Geld schuldet?", fing Osto vorsichtig an.

„Und warum bestellt er sich bei meinem Bruder einen prächtigen Mantel, der für die Krönung eines Königs angemessen wäre? Nein, ich sage euch, der stellt keinem Gläubiger nach, der will die ganze Stadt erobern. Ich weiß bloß noch nicht, wie er das machen will."

Als ich geendet hatte, breitete sich Stille in dem dunklen Kellerraum aus. Nur aus der Schankwirtschaft über unseren Köpfen waren Geräusche zu hören.

Ich spürte den durchdringenden Blick von Osto auf mir ruhen. Anscheinend hatte er den Ernst der Lage erkannt. „Was willst du also machen?"

„Mein Bruder Robert wird morgen zur Burg von Gunter fahren, um den Mantel zu liefern. Ich werde ihn begleiten und mich ein wenig umsehen, um etwas über die Verschwörung herauszubekommen."

Osto signalisierte Giselbert mit einem kurzen Nicken sein Einverständnis. Giselbert knurrte: „Heute ist Dienstag, morgen bist du den ganzen Tag bei diesem Gunter, Donnerstag sehen wir uns wieder!"

Natürlich hatte Pater Malachias keinerlei Verständnis für mein Zuspätkommen und verprügelte mich. Obwohl Schnapphahn und Einochs gleich nach unserer Unterhaltung mit mir zum Kloster geeilt waren, kam ich immer noch eine volle Stunde zu spät zum Unterricht. Zu meinem Glück war Ildefons nicht erschienen, was auch nicht zu erwarten gewesen war. Mit Kuhfladen im Gesicht ließ es sich nicht besonders konzentriert lernen. Norbert hatte bereits dafür gesorgt, dass alle von meiner noblen Heldentat erfahren hatten. Den ganzen Nachmittag lang warfen mir meine Mitschüler bewundernde Blicke zu. Ich glaubte sogar, dass Pater Malachias nicht so stark zuschlug wie sonst.

Allerdings musste ich noch einen freien Tag bei ihm erschwindeln. So erzählte ich ihm, dass mein Bruder meine Hilfe bei einer Fuhre benötigte. Schließlich war er einverstanden. Doch musste ich versprechen, Donnerstag wieder pünktlich zum Unterricht zu erscheinen.

Auf dem Heimweg nahm ich mich vor Ildefons in Acht. Ich war mir sicher, dass er sich an mir rächen würde. Aber er tauchte nicht auf.

Kurz bevor Norbert und ich zu Hause angelangt waren, sah ich aus den Augenwinkeln, wie sich eine kleine Gestalt, die Osto ähnelte, in den Schatten einer Mauer drückte. Zwischen den Menschen auf dem Marktplatz, den Karren und Lasttieren, den eilenden Knechten und Mägden glaubte ich auch die beiden Brüder Einochs und Schnapphahn zu erkennen. Laut ließ jemand einen fahren. So, so, dachte ich grinsend, jetzt habe ich auch noch Leibwächter.

Mit Unschuldsmiene erzählte ich meiner Mutter beim Abendessen, dass Pater Malachias krank wäre. Daher hätte ich frei und würde gerne mit Robert den kostbaren Mantel für Ritter Gunter auf die Burg bringen. Kurz schossen mir die zwei Gebote *Du sollst nicht lügen!* und *Du sollst Vater und Mutter ehren!* durch den Kopf. Aber hier ging es um die Zukunft der Stadt und die Adelgunds. Der Herr würde es mir verzeihen.

Mutter sah mich streng an, dann lächelte sie, kniff mich in die Backen und sagte: „Mach aber keinen Unsinn auf der Burg!"

„Natürlich nicht!", erwiderte ich beleidigt.

Kapitel VIII

… in dem ich mit meinem Bruder
eine Handelsreise
übers Land mache

Das Läuten der Glocken rief zur Frühmesse. Es war kurz nach sechs, als wir unser Haus verließen. Robert saß als Einziger auf einem Pferd. Mich und die beiden Knechte, die uns begleiteten, mussten Maultiere tragen, die auch noch mit Waren bepackt waren. Wir erhofften uns in den Dörfern, durch die uns unser Weg führen sollte, Geschäfte mit den Bauern.

Schweigend ritten wir in den kühlen Morgen. Die frische Luft hatte die Stadt von dem Allerlei der Gerüche gereinigt. Doch gerade als ich einen tiefen Atemzug tat, kreuzte ein halbes Dutzend stinkender Schweine unseren Weg. Hirten trieben die Tiere vor die Stadtmauern. Die ersten Stadtbewohner klappten bereits die Fensterläden auf und schütteten nach einem kurzen Warnruf ihre übel riechende Notdurft auf die Straße. Ich seufzte. Nur kurz hatten wir den wohltuenden, sauberen Geruch eines neuen Tages genießen dürfen.

Am Stadttor erhielten die Knechte und mein Bruder je ein kurzes Schwert und einen Knüppel. So sollten wir uns im Falle eines Überfalls gegen Vogelfreie, Banditen oder gar Raubritter verteidigen. Jedoch wagte ich zu bezweifeln, dass wir es mit Räubern gleich welcher Art zu tun bekommen würden. Der Weg zur Burg war nicht weit. Nur drei Stunden würden wir unterwegs sein. Mein

Bruder aber war ein vorsichtiger Mann und wollte gemäß der Weisheit „Gelegenheit macht Diebe" auch auf kurzen Strecken gut gerüstet sein. Vor allem, wenn man so einen wertvollen Umhang mit im Gepäck hatte. Sein Verlust wäre eine Katastrophe gewesen. Robert klopfte auf das Bündel mit dem Mantel, das vor ihm am Sattel festgebunden war, und riet mir, Augen und Ohren offen zu halten.

Wachsam glitt mein Blick über die Landschaft. In Weizenfeldern und verlassenen Hütten am Straßenrand, hinter Hecken und Gebüschen konnten sich Diebe verstecken und uns auflauern. Besonders in bewaldeten Wegstücken spähte ich aufmerksam nach Gefahren. Konnte ich nicht ein ebenso mutiger und tüchtiger Kaufmann wie mein Vater werden?

In kleinen Dörfern kaufte mein Bruder Wolle ein oder er verkaufte einfache Leinenhemden und Tücher an die Bauern.

„Man sollte keine Gelegenheit zum Handel auslassen", belehrte er mich im Tonfall eines Magisters. Zufrieden verschnürte er die gekaufte Wolle auf den Rücken der Maultiere.

Es war kurz vor Mittag, als wir die Burg Gunters vom Berg vor uns auf einer kleinen Anhöhe erblickten. Imposant war sie nicht. Inmitten eines rechteckigen Mauerrings ragte ein etwa fünfstöckiger Wehrturm in den Himmel. Er wirkte eher klobig als bedrohlich. Das Haupthaus, der sogenannte Palas, war unscheinbar und kaum höher als die Mauer, mit der er auf zwei Seiten verbunden war. Es gab keine zusätzlichen Wehrtürme in den Ecken der Burgmauer. Eine Zugbrücke, die einen lächerlich schmalen Wassergraben überspannte, führte durch einen Torturm in die Burg.

Je näher wir kamen, desto deutlicher erkannten wir, dass die Burg in einem ziemlich verwahrlosten Zustand war. Teile der Mauerzinnen waren abgebrochen, das Dach des Haupthauses wie auch der Wohnturm wiesen Löcher auf. Die Holzverblendungen waren morsch, das Fallgitter rostig, das Stroh auf dem Boden des Hofes faulte und das Mauerwerk bröckelte. Ein trauriger Anblick bot sich, wohin man auch schaute.

So verrottet die Burg aussah, so verlottert waren seine Bewohner. Bereits am Tor empfing uns eine Wache mit müdem Blick und winkte uns ohne weitere Fragen mit einer lässigen Handbewegung durch. Im Vorbeireiten roch ich eine Alkoholfahne. Hohlwangige Knechte und ausgemergelte Mägde mit ungesunder gelber Hautfarbe liefen geschäftig über den Burghof. Schäbige Kleider, die schon oft geflickt worden waren, schlotterten an ihren dünnen Gliedern. Irgendwo meckerte eine Ziege. Ein paar Bauern, dürr und gekleidet wie Vogelscheuchen, waren gekommen, um ihren Zehnt abzugeben. Sie hatten Körbe und Säcke voller Getreide und Hühner in Käfigen mitgebracht und vor sich auf dem Boden ausgebreitet. Als wir abstiegen, blickten sie uns trübsinnig an. Ich erinnerte mich an die Geschichten, die man sich in unserer Stadt von Gunter erzählte. Es stimmte. Alles hier war ärmlich und heruntergekommen.

Fast alles. Ein edles schwarzes Pferd stand abgesattelt in der hinteren Ecke des Burghofes. Sein gestriegeltes Fell schimmerte silbrig in der Sonne. Es wirkte wie ein Fremdkörper zwischen all der Armut. Ich fragte mich, wem es wohl gehörte.

„Wer seid Ihr und was wollt Ihr?", kläffte ein kleiner klapperdürrer Mann mit wirrem grauen Haar und löchrigem grünen Wams. Er war aus dem Wohnturm auf uns zugekommen und baute sich gebieterisch vor uns auf.

„Robert, Tuchhändler in der Gilde, wünscht Euren Herrn zu sprechen. Wir haben hier einen kostbaren Mantel, den er bei uns auf dem Markt unserer Stadt bestellt hat. Feinstes Leinen aus der berühmten Stadt Gent. Er ist ein Vermögen wert!", antwortete mein Bruder. Leiser setzte er hinzu: „Wenn *Ihr* überhaupt wisst, was ein Vermögen ist."

Ich spürte, dass Robert in diesem Moment bereits sicher war, nie den vollen Preis für den Mantel zu bekommen. Ritter Gunter würde einen Teil anzahlen und Robert dann auf kommende Zahlungen vertrösten, die er nie leisten würde. Das war auch eine Form des Raubrittertums.

„Der edle Herr vom Berg ist gerade verhindert! Er wird sich so schnell als möglich mit Euch befassen. Einstweilen könnt Ihr Eure Reittiere tränken und Euch dort …", er deutete mit seinen knochigen Fingern auf den Stall gegenüber dem Haupthaus, „hinbegeben!"

„Danke!", antwortete mein Bruder knapp. Wortlos führten wir die Tiere zum Stall.

Kapitel IX

… in dem ich
eine Burg erkunde
und eine Unterhaltung belausche

Wir befreiten die Maultiere von ihren Warenkörben und schöpften Wasser in die Tränke. Meinem Bruder erklärte ich, dass ich mir die Burg unbedingt genauer ansehen wollte, wenn ich schon einmal da wäre. Er nickte nur, bat mich aber, nicht so lange fortzubleiben. Sobald der Handel mit Gunter abgeschlossen wäre, wollte er die Burg so schnell wie möglich wieder verlassen.

Unbekümmert schlenderte ich in Richtung Haupthaus. Vor dem Hauptportal dösten zwei Bewaffnete auf kleinen Schemeln. In Friedenszeiten wohnte der Burgherr im Palas. Hier würde ich wohl am ehesten Antworten auf meine Fragen erhalten.

Als ich gerade an den Wachen vorbei eintreten wollte, knurrte der eine mürrisch: „Mach dich weg, Kleiner! Hier kommst du nicht durch!"

Ich tat überrascht und bummelte wieder auf den Hof. So ging es also nicht. Wäre auch zu einfach gewesen. Unauffällig blickte ich mich um. Die Bauern standen noch am Brunnen und unterhielten sich leise. Robert und unsere Knechte sahen sich bewundernd den schwarzen Hengst an, während sie auf Gunter warteten. Mein Blick wanderte wieder zum Haupthaus hinüber und die Fassade hinauf. Etwa in Höhe des Giebels sah ich zu meinem Erstaunen eine Art Brücke, die das Haupthaus und den Wehrturm miteinander verband. Interessant, dachte ich, durch den großen Wehrturm gelangt man also auch in den Palas. Ich schlenderte zum Eingang des Wehrturms, in dem der komische Alte eben verschwunden war. Die schwere eisenbeschlagene Tür befand sich ein paar Meter über der Erde und war nur über eine hölzerne Treppe erreichbar. Soviel ich wusste, retteten sich die Burgbewohner im Falle einer Belagerung in den Wehrturm, falls die äußere Verteidigung der Burg gefallen war. Um Angreifern das Vorankommen mit einem Rammbock zu erschweren, wurde dann die Holztreppe zerstört.

Langsam stieg ich die Stufen hinauf. Auf dem Treppenabsatz angekommen, blickte ich vorsichtig ins Innere des Wehrturms. Ein großer Raum voller aufeinandergestapelter Kisten und Körbe tat sich vor mir auf. Allem Anschein nach wurden hier Vorräte gelagert.

Ich trat ein, entdeckte eine enge Wendeltreppe und folgte ihr nach oben. Die Außenmauer war mindestens einen Meter dick und wies alle zehn bis zwanzig Stiegen schmale Schlitze im Mauerwerk auf. Offensichtlich waren das Schießscharten, durch die die Verteidiger in den Innenhof schießen oder bei Bedarf

auch heißes Wasser oder Pech auf die Belagerer gießen konnten.

Stufe um Stufe kletterte ich behutsam die schmale Treppe hinauf. Auf dem ersten Absatz blieb ich stehen. Durch eine offene Tür drangen Stimmen. Vorsichtig spähte ich hinein. In der Mitte des Raums stand ein Tisch, um den ein paar Leute saßen. Soldaten und Knechte, die zu Mittag aßen. Sie bemerkten mich nicht. Schnell huschte ich an der Tür vorbei. Der Übergang zum Haupthaus, den ich von außen entdeckt hatte, musste noch ein Stockwerk höher liegen.

Eilig stieg ich weiter empor. Wieder tat sich eine Tür vor mir auf. Sie führte in einen Raum, der von einem riesigen Stuhl, der wie ein Thron wirkte, als einzigem Möbelstück beherrscht wurde. Ihm gegenüber stand ein vollkommen schwarz verrußter Kamin. Die gestickten Jagdszenen auf den zerschlissenen Wandteppichen waren kaum noch zu erkennen. In einer Ecke sah ich die Tür, die auf die Brücke führen musste. Wachsam blickte ich mich um. Ich wollte keinem Soldaten oder, was Gott verhüten mochte, Gunter selbst in die Arme laufen. Der Saal war leer. Behutsam schlich ich zur Tür, öffnete sie und trat auf die Brücke. Ohne anzuhalten oder nach unten zu sehen, hastete ich hinüber. Auch die Tür zum Haupthaus war nicht verriegelt. So wie diese verlotterten Soldaten in der Burg Wache hielten, war das auch nicht anders zu erwarten gewesen.

Der Übergang führte mich auf den Dachboden. Hier im Palas musste ich noch vorsichtiger sein. Vor mir im Boden war eine Luke eingelassen, durch die man über eine Leiter nach unten gelangte. Gerade als ich hinabsteigen wollte, hörte ich leise Stimmen und das Quietschen einer Tür. Ich blieb, wo ich war, und legte mich geräuschlos mit klopfendem Herzen flach auf den Boden. Durch die Luke konnte ich das Zimmer unter mir überblicken.

Mir stockte der Atem. Gunter trat ein. Er war klein, dick und glatzköpfig. Ihm folgte ein großer, magerer Mann, gehüllt in einen schwarzen Umhang. An seiner Seite baumelte ein Dolch in einer dunkelblauen Scheide. Wäre die Waffe nicht gewesen, hätte er auch ein Mönch sein können. Lauernd hob der Unbekannte seinen Kopf und sah sich misstrauisch um. Zielstrebig steuerte er einen Sessel an, setzte sich, faltete die Hände und blickte Gunter ausdruckslos an. Der räusperte sich unsicher und begrüßte seinen Gast katzbuckelnd: „Entschuldigt, edler Montgomery, dass ich Euch warten ließ. Aber wir haben heute Zehnttag und Brandur, der alte Narr, meldete Euch zu spät. Ein wunderbares Pferd übrigens, das Ihr da reitet."

Der Mann im Sessel blickte Gunter spöttisch an. Heiser und mit englischen Akzent antwortete er fast flüsternd: „Beruhigt Euch. Ich kann warten. Geduld ist die Tugend des Jägers. Kommen wir jetzt zur Sache?"

„Ja, sicher, sicher!", stieß Gunter nervös hervor. „Hier ist Eure Anzahlung. Den Rest bekommt Ihr, wenn Ihr den Auftrag erledigt habt." Er reichte Montgomery eine Schatulle, die der Hagere gelassen entgegennahm.

„Habt Ihr die Vorbereitungen getroffen, so wie ich es Euch aufgetragen habe?"

„Ja, sicher, sicher! Die Waffen sind in der Stadt und ich habe ein paar Trottel für dumm verkauft und ihnen die besten Posten in der Stadt versprochen, wenn sie Ullrichs Männer am Markttag während der Gerichtsverhandlung überwältigen. Ich habe ihnen weisgemacht, dass die Wachen Ullrichs schlecht ausgebildete Dummköpfe seien, mit denen sie schon fertig werden würden." Gunter lachte hämisch und sein Lachen klang wie das Gackern eines Huhns, das ein Ei gelegt hat. „Die werden sich ganz schön wundern, wenn sie plötzlich merken, dass ich gelogen habe. Ha, ha! Na ja, das Leben dieser Leute ist mir egal, sie sollen nur Verwirrung stiften, nicht wahr? Eine grandiose Idee von Euch! Aber was macht Ihr, Montgomery? Wie wollt Ihr Ullrich erledigen? Mit dem Bogen oder mit der Lanze, einem Schwert oder einem Knüppel? Oh ja, mit einem Knüppel. Schlagt diesen elenden Ullrich nieder, bis er sich nicht mehr bewegt und …" Gunter gestikulierte wild mit den Armen. Er verstummte, als er Montgomerys eisigen Blick bemerkte.

„Ihr müsst nicht alles wissen, Gunter. Nehmt das Mädchen Adelgund und bringt es fort, sobald ich Ullrich getötet habe. Ich hoffe, Ihr habt einen Priester besorgt, der Adelgund auch gegen ihren Willen mit Eurem Sohn verheiratet. Sonst wird Eure Herrschaft über die Stadt nicht von langer Dauer sein." Er klappte die Schatulle auf und ließ die Goldtaler leise klimpernd durch seine Finger gleiten. „Vergesst nicht, diesen Wollhändler sofort als Mörder festnehmen zu lassen. Wir brauchen einen Schuldigen."

„Sicher, sicher!"

Montgomery machte eine Pause und sah Gunter lange an. Schließlich drohte er kaltblütig: „Solltet Ihr mich reinlegen wollen wie diese zehn Männer oder den Wollhändler … Ich werde es merken. Keine Mauer ist zu dick, kein Graben zu breit, keine Hölle zu heiß, als dass ich

Euch nicht kriegen würde. Verlasst Euch darauf. Eine grauenhafte Zeit würde Euch unter meiner persönlichen Obhut erwarten."

Bis hinauf in mein Versteck hörte ich Gunter schlucken und sah seine schreckgeweiteten Augen. Auch mir schauderte es bei Montgomerys Worten.

Gunter schnappte nach Luft und versicherte mit zittriger Stimme: „Nein, nein, sicher nicht! Ich will nur das Leben Ullrichs, sonst nichts. Trinken wir darauf, Montgomery. Auf dass Ihr Euren Preis wert seid."

Er reichte seinem Besucher einen Becher. Sie stießen an. Der dicke Burgherr stürzte den Wein hinunter. Montgomery nippte nur kurz. Dann erhob er sich: „Ich will mich erfrischen und ein wenig ruhen. Der Ritt war lang und ich bin müde."

„Sicher, sicher. Sofort. Folgt mir hier entlang." Gunter stieß die Tür auf, ließ Montgomery unterwürfig den Vortritt und verließ nach ihm den Raum.

Einen Augenblick wartete ich noch, dann schlich ich unbemerkt zurück über die Brücke und den Wehrturm hinunter. In der Küche wurde noch immer gegessen. Ein Soldat richtete seinen müden Blick auf mich, hielt mich aber wohl für einen Knecht. Er sagte nichts.

Im Hof angekommen gesellte ich mich wieder zu meinem Bruder und den Knechten. Mir schwirrte der Kopf. Also doch: Dieser hinterhältige, brutale, vollkommen skrupellose Verbrecher und sein verkommener Sohn wollten unseren Grafen Ullrich ermorden lassen, um dann Adelgund mit Ildefons zu verheiraten! Sie hatte keine Wahl. Mir wurde fast übel vor Wut.

Da trat Gunter aus dem Haupthaus und stolzierte auf uns zu. „Ah, Meister Robert mit meinem fürstlichen Mantel!"

Ich glaube, ich muss nicht erzählen, wie der Handel vonstatten ging. Es kam so, wie ich und wahrscheinlich auch mein Bruder es erwartet hatten.

Kurz nach Mittag verließen wir die Burg. Wir nahmen einen anderen Weg nach Hause zurück, um noch weitere Geschäfte abzuschließen. „Sonst hat sich dieser Tag wirklich nicht gelohnt", knurrte Robert. Verärgert über den Verlust, den der Mantel ihm eingebracht hatte, schimpfte er: „Mein Gott, ich kann diesen Gunter nicht leiden. Der ist so falsch wie die Euter an einem Stier."

Ich nickte zustimmend und dachte grimmig: Sicher, sicher!

Kapitel X

… in dem ich ganz sicher bin,
was zu tun ist,
und es mir dann anders überlege

Nach dem enttäuschenden Geschäft mit Gunter klapperte mein Bruder erheblich mehr Dörfer ab als geplant. Erst spät in der Nacht kamen wir zu Hause an. Übermüdet und mit schmerzenden Gliedern ließ ich mich von meinem Tragesel gleiten. Mit letzter Kraft sattelten wir die Tiere ab. Dann schleppte ich mich in mein Bett. Vergessen war die Sorge um Adelgund und Graf Ullrich. Den ganzen Heimweg über hatte ich an das Gespräch zwischen Gunter und Montgomery gedacht. Mein Entschluss stand fest: Am nächsten Morgen würde ich zum Hauptmann gehen, um alles zu melden, so wie es Giselbert und seine Bande vorgeschlagen hatten. Schließlich fielen mir die Augen zu und ich sank in einen traumlosen Schlaf.

Das Lärmen von Hämmern, Sägen und Äxten weckte mich. Mit schlafverklebten Augen wankte ich aus dem Bett und stolperte zum Fenster. Als ich die hölzernen Fensterläden auseinanderklappte, blendete mich das dunstige Licht des Morgens. Ich blickte auf den verlassenen Kirchplatz. Schon morgen würde hier geschäftiges Markttreiben herrschen. Nur ein paar Männer errichteten ein breites, etwa ein Meter hohes Podest vor den Stufen zur Kirche. Es sollte als Bühne für die Heiligenspiele und als Empore für Graf Ullrich dienen. Am Markttag würde dieser als Stadtherr und weltlicher Richter über Streitfälle zu Gericht sitzen. Soldaten würden um die Empore herum stehen, um Ullrich von der Menge abzuschirmen und zu schützen – *zu schützen?*

Ich fühlte wieder meine hilflose Wut über das, was ich gestern in der Burg gehört hatte. Dringenderes war zu tun, als verschlafen aus dem Fenster zu sehen. Nach ein paar Spitzern Wasser ins Gesicht sprang ich in meine Hose, zog Hemd und Wams an und lief voller Tatendrang die Treppe hinunter.

Unten holte ich mir meinen Umhang. Die Morgenluft war noch kühl. Bevor meine Familie etwas merkte, hatte ich das Haus verlassen und marschierte entschlossen über den Kirchplatz in Richtung Stadtburg.

Die Burg lag mitten in der Stadt auf einer leichten Anhöhe und konnte nur durch ein mächtiges Tor betreten werden. In diesem Burgtor, das eigentlich ein richtiger Turm war, wohnte der Hauptmann, der die Stadtmiliz und die Burgsoldaten befehligte. Er hatte für Ruhe und Ordnung in der Stadt zu sorgen. Als Hauptmann würde er die Verschwörung schnell und ohne Zaudern vereiteln. Und dann war der Spuk vorbei. So dachte ich mir das.

„Ey! Mönchlein!", rief plötzlich eine Stimme hinter mir. Ich drehte mich um und sah Osto auf mich zulaufen. Ich war verärgert, dass er mich ständig Mönchlein nannte. Grimmig stapfte ich weiter. Die würden schon noch merken, was in so einem Mönchlein steckte.

„Ey! Benedikt! Nun bleib doch stehen!"

„Ach! Du weißt meinen Namen!?", schnaubte ich, ohne mich umzusehen, und hetzte weiter in Richtung Burgtor.

„Halt doch mal an!" Osto hatte mich eingeholt und packte mich am Ärmel. Wir blieben schnaufend stehen. „Wo willst du denn so eilig hin?"

„Zum Hauptmann der Wache! Ich werde ihm alles erzählen!"

„Aber wollten wir uns nicht absprechen?"

„Ich mach nur, was dein Chef Giselbert ja sowieso vorgeschlagen hat. Ich melde die ganze Geschichte beim Hauptmann! Die Belohung könnt ihr meinetwegen haben."

„Und du hast jetzt also alle Beweise, die du brauchst? Hast du auf der Burg etwas erfahren, was Gunter und Ildefons ans Messer liefert? Ich meine, todsicher ans Messer liefert? Du weißt ja, was passiert, wenn Gunter dahinterkommt, wer ihn verraten hat!"

Meine Entschlossenheit geriet plötzlich ins Wanken. Zwar hatte ich auf Gunters Burg mehr herausbekommen, als mir lieb war, aber Beweise? Unwiderlegbare Beweise hatte ich nicht.

„Nun, todsichere Beweise habe ich noch nicht", gab ich zögernd zu. „Aber wir müssen doch etwas tun! Morgen ist Markttag und da kommt dieser Montgomery und der wird versuchen Ullrich umzubringen. Und eins sage ich dir: Der Mann versteht sein Handwerk." In meiner Aufregung wurde ich immer lauter.

„Jetzt erzähl erst mal der Reihe nach und schrei hier nicht so herum!" Damit schob Osto mich in eine schmale Gasse, die uns vor neugierigen Blicken schützte. An die Wand gelehnt erzählte ich ihm alles, was ich gehört hatte. Es tat gut, endlich mit jemandem über die Attentatspläne zu sprechen.

Als ich geendet hatte, sagte Osto: „Gut, du musst wissen, was du tust. Aber vergiss nicht: So wird nur der Wollhändler auffliegen. Er hat die Waffen geschmuggelt und versteckt. Durch deinen Hinweis kannst du den Aufruhr zur Ablenkung der Wachen vereiteln. Aber Montgomery wird einen anderen Weg finden, an Ullrich heranzukommen und ihn zu töten. Er scheint kaltblütig genug zu sein. Gunter bezahlt ihn wohl gut dafür."

„Aber was sollen wir dann machen?", fragte ich verzweifelt.

„Wir müssen ihn auf frischer Tat erwischen! In dem Moment, in dem er Ullrich ermorden will! Wir brauchen ihn lebend, damit er seinen Auftraggeber Gunter beschuldigen kann. Anders kommen wir aus der Geschichte nicht mehr raus! Außer wir halten still und tun so, als wäre nichts passiert. Dann wird Ildefons eben der Gemahl von Adelgund und Gunter regiert die Stadt und wird dabei noch dicker und fetter. Mir persönlich wäre eine fette Belohnung lieber. Und Graf Ullrich ist eigentlich ein guter Stadtherr."

Ich schluckte. „Und wie wollen wir das machen? Dieser Montgomery sah nicht so aus, als ließe er sich leicht überwältigen."

„Pass auf!" Ostos Augen leuchteten bei der Aussicht auf ein Abenteuer. „Ich erzähle dir jetzt, wie wir das morgen machen!"

Kapitel XI

… in dem ein aufregender Markttag beginnt
und ich
auf einem Stapel Fässer erröte

Mit zitternden Knien kehrte ich nach Hause zurück und stürzte mich in meine Arbeit. Wieder musste ich Waren auflisten. Diesmal für den Markttag. Mein Bruder Bertram löcherte mich mit Fragen über Gunter und seine Burg. Kurz überlegte ich, ob ich meine Brüder nicht einweihen sollte. Vielleicht könnten sie helfen, das Verbrechen zu verhindern? Aber was, wenn nicht? Dann wären auch sie in Gefahr. Besser sie wussten nichts. Wahrscheinlich würden sie mir sowieso nicht glauben.

Schlag drei war ich in der Klosterschule. Unsere Gesänge und Lesungen rauschten an mir vorbei. Ich war nicht bei der Sache. Drei Ohrfeigen bekam ich an diesem Nachmittag. Schon bald brach der Abend an und ich ging, den Kopf immer noch voller Sorgen, nach Hause. Verglichen mit den Aufregungen der letzten drei Tage verlief dieser Donnerstag schon fast in gespenstischer Ruhe. Sogar Norbert hatte mal nicht geplappert wie ein Wasserfall. Nach meiner Begegnung mit Osto am Morgen sah ich weder die restlichen Bandenmitglieder noch diesen ekelhaften Tierschänder Ildefons. Nach wie vor fürchtete ich seine Rache, doch hatte er wohl Wichtigeres zu tun, als zum Unterricht zu gehen.

Die ganze Stadt wirkte ruhiger als in den Tagen zuvor. Waren weniger Menschen als sonst unterwegs? Wurden auf der Straße nicht wie üblich laut und prahlerisch Geschäfte abgeschlossen? Wo waren die Mägde und Knechte, die Bettler und Gauner, die reichen Kaufleute, die Handwerksmeister und deren Gesellen, wo die Kuh- und Schweinehirten, und warum stand nicht die alte kei- fende Frau des Kupferschmieds vor ihrem Laden und schrie uns Kindern hinterher?

Alles schien sich auf den Markttag vorzubereiten. Die Bewohner holten noch einmal tief Luft, bevor sich die Stadt am Freitag in einen brodelnden Hexenkessel ver- wandeln würde. Auch ich versuchte zur Ruhe zu kom- men und hoffte für den morgigen Tag auf die Hilfe des Herrn.

Zum sechsten Schlag der Stundenglocke blickte ich am nächsten Morgen aus dem Fenster. Markttag! Heute sollte es passieren! Ich hatte unruhig geschlafen und mir war schlecht vor Aufregung.

Auf dem Platz vor der Kirche bauten die ersten Händ- ler und Handwerker ihre Stände auf. Über dem Rathaus und dem Kaufhaus der Gilde wehte die rote Fahne. Sie signalisierte, dass heute auch Fremden aus dem Umland das Marktrecht gewährt wurde.

Während des Frühstücks war ich ungewöhnlich wort- karg. Doch meiner Familie fiel meine bedrückte Stim- mung nicht weiter auf. Gut gelaunt und ein wenig auf- geregt freuten sich meine Brüder auf die Geschäfte des Tages. Schließlich war der Markttag immer etwas ganz Besonderes. Robert bat mich einen befreundeten Händler aus Gent am Südtor abzuholen. Ich war froh über diese Ablenkung und machte mich auf den Weg.

Es war schon gegen acht, als ich am Tor ankam. Schon von Weitem hörte ich das Fluchen und Schimpfen der Händler, deren Wagen, Karren und Lasttiere von den Wachen nach verbotenen Waren durchsucht wurden. Es gab strenge Vorschriften, was in unserer Stadt gehandelt werden durfte. Vor dem Tor staute sich ein unübersehbarer Tross an Händlern, Bauern, Spielleuten, Krämern und Kleinhändlern von überall her. Alle wollten in die Stadt! Sie drängten durch die überfüllten Straßen zum Marktplatz. Die Bauern der Umgebung mussten jedoch vor der Stadtmauer bleiben und dort ihre Waren ausbreiten und verkaufen.

Ich kletterte auf ein Baugerüst in der Nähe des Stadttors. Von hier aus hatte ich einen guten Überblick und konnte zusehen, wie die Leute im Torbogen von der Wache kontrolliert wurden. In dem Gewimmel war es nicht einfach, unseren Gast zu erkennen. Hörte ich jemanden, der mit flandrischem Akzent sprach, brüllte ich den Namen unseres Handelspartners in die Menge.

So vergingen die Stunden und erst gegen Mittag hatte sich der Tumult vor dem Tor aufgelöst. Endlich reagierte jemand auf mein Rufen. Ich begrüßte unseren befreundeten Händler und begleitete ihn durch das Gewühl über die Brücke zum Marktplatz. Robert, Bertram und meine Mutter erwarteten uns schon ungeduldig.

Den Rest des Tages musste ich meinen Brüdern nicht helfen und so beeilte ich mich meinen Posten einzunehmen.

Ich versuchte mir einen Weg über den überfüllten Marktplatz zu bahnen. Zwischen all den Ständen der Scherenschmieder, Sattler, Beutler, Gewandschneider, Metzger, Kettenmacher, Helmschmieder, Tuchhändler, Wollhändler, Feilenhauer und Flickschuster kam ich nur langsam voran. Ich wühlte mich durch das bunte Treiben tanzender und musizierender Spielleute. Im Vorbeieilen schnappte ich Wortfetzen von Vaganten auf, die mit witzigen und frechen Gedichten die Menge in ihren Bann zogen. Fasziniert und entsetzt zugleich sah ich, wie Bader ihren Patienten Zähne zogen. Eine wütende Stimme gellte über den Platz: „Haltet den Dieb, er hat mir meinen Geldbeutel vom Wams abgeschnitten!" Niemand hielt den Dieb auf. Aber jeder kontrollierte seinen eigenen Geldbeutel.

Immer wieder musste ich grunzenden Schweinen und brüllenden Kühen ausweichen. Sie wurden vom Platz ge-

trieben, nachdem sie den Besitzer gewechselt hatten. Tausend Gerüche stiegen mir in die Nase. Bäcker verkauften ihr duftendes Brot und schon ein paar Schritte weiter verdrängten fette Karpfen und Barsche den süßen Brotgeruch.

Schließlich hatte ich mich bis zur Empore durchgekämpft. Hier sollte Ullrich Gericht halten. Auf einem Stapel leerer Fässer saß bereits Osto. Er entdeckte mich und kletterte im Nu herunter.

„Ich habe dir schon mal einen hervorragenden Tribünenplatz während der Gerichtsverhandlung besorgt", tönte er mir entgegen und fuhr verschwörerisch fort: „Du setzt dich da oben drauf und wartest, bis dieser Montgomery auftaucht. Du bist der Einzige, der ihn je gesehen hat."

Er drehte sich um und deutete auf die Fässer an einer kleine Treppe, die seitlich auf die Bühne führte. Giselbert war aufgetaucht und lehnte lässig an dem Stapel.

„Auf der anderen Seite gibt es auch eine Treppe. Da stehen Einochs, Schnapphahn und dieser kleine Angsthase Norbert. Sie werden pfeifen, wenn ein Mann auftaucht, der wie Montgomery aussieht: groß, hager, mit dunklem Mantel. Auf den Holzfässern kannst du die gesamte Empore gut überblicken. Giselbert und ich stehen hier unten und warten auf ein Zeichen von dir. Sobald es kommt, stürmen wir los und greifen uns den Mann, bevor er in die Nähe von Ullrich gelangt."

Ich nickte zustimmend. Dann kletterte ich auf die Fässer. Unter mir schoben sich die Menschenmassen über den Platz. Angespannt hielt ich Ausschau nach Montgomery, der Person, die ich im Moment mehr fürchtete als den Teufel.

Nach kurzer Zeit auf meinem Beobachtungsposten kündigten Fanfaren die Ankunft Ullrichs an. Inmitten eines Trupps Bewaffneter schritt er langsam auf die Empore zu. Fast sah es so aus, als würde ein Schiff durch ein Meer voller Köpfe einen Hafen ansteuern.

Über das kleine Treppchen auf meiner Seite bestieg der Graf die Empore. Seine Soldaten schoben die Menschen vor der Tribüne auseinander, um Platz zu schaffen für die Angeklagten und ihre Kläger. Ullrich ließ sich auf einem großen und reich verzierten Stuhl nieder und blickte sich um. Er grüßte einige Männer unter den Zuschauern und lächelte Damen zu. Die Fanfaren erklangen erneut. Die Marktbesucher sollten Zeugen einer Gerichtsverhandlung werden.

Mit klopfendem Herzen bemerkte ich, dass Adelgund angekommen war und ihren Platz neben ihrem Vater eingenommen hatte. Als sie sich neugierig umsah, erkannte sie mich auf den Fässern und lächelte mir zu. Mir wurde heiß und kalt. Die Röte schoss mir ins Gesicht. Schnell wandte ich meinen Kopf ab. Osto traf meinen Blick und grinste mich frech an. Vor diesem Burschen konnte man aber auch nichts verbergen. Grimmig funkelte ich ihn an.

Ich wagte es nicht, Adelgund noch einmal anzuschauen, und konzentrierte mich auf den Prozess, der nun begann.

Kapitel XII

… in dem
ein Tumult ausbricht
und es brenzlig wird

Dem ersten Angeklagten warf man vor, einen Weinhändler blutig geschlagen zu haben. Und das schon zum dritten Mal. Nun brauchte der Mann gute Gründe zu seiner Verteidigung. Nach dem Urteilsspruch würde er sonst an Ort und Stelle seine Hand verlieren. Ostos Vater stand in einer Ecke der Empore und wartete darauf, seine Pflicht zu tun. Lässig stütze er einen Fuß auf einen Holzblock und hielt ein breites Schwert in der Hand. Damit würde er zweifellos die Hand des Raufboldes abschlagen. Während Angeklagter und Kläger noch lauthals stritten, wer die Schlägerei begonnen habe, beobachtete ich aufmerksam die Gesichter der Menschenmenge.

Auf der gegenüberliegenden Seite sah ich Wolfram dicht am Rand der Empore stehen. Mit verschränkten Armen schien er der Verhandlung geistesabwesend zu folgen.

Wahrscheinlich war er schon wieder betrunken. Doch wo waren die Störenfriede, die den Tumult verursachen sollten? Irgendwo mussten Männer in der Nähe der Empore stehen, die unter weiten Umhängen Schwerter, Knüppel und sonstige Waffen verbargen. Und wo steckte dieser Montgomery?

Angespannt ließ ich meinen Blick hin- und herwandern. Doch ich konnte nichts Verdächtiges entdecken. Wieder blieb mein Blick an Wolfram hängen. Er schwankte leicht und hatte die Augen geschlossen. Schlief er im Stehen? Plötzlich sah ich, dass ein Mann Wolfram einen Dolch in die Tasche schob. Er tat es ganz vorsichtig und Wolfram war zu beduselt, um es zu bemerken.

Wer war der Mann? Als er wieder in der Menge untertauchen wollte, erkannte ich ihn. Es war kein anderer als Ildefons, dieser Widerling! Langsam wurde es ernst. Das war der erste Akt. Ein Verdächtiger, dem man den Mord in die Schuhe schieben konnte, war vorbereitet. Nun konnte es nicht mehr lange dauern bis zum zweiten Akt, dem Tumult.

Fieberhaft suchte ich in der Menschenmenge nach Montgomery. Ich erspähte meine Brüder und meine Mutter mit ihrem Gast aus Gent. Pater Malachias verfolgte interessiert die Verhandlung, während unsere Knechte und Mägde gafften und giggelten. Alle waren gekommen, um die Verhandlungen dieses Nachmittags zu verfolgen.

Ich fragte mich gerade, wohin Ildefons verschwunden war, als aufgeregtes Rufen aus dem Publikum laut wurde. Angestrengt versuchte ich zu verstehen, was geschrien wurde. Da gellte es aus einer anderen Richtung: „Nieder mit Graf Ullrich, nieder mit seiner Herrschaft!"

Nun kam Bewegung in die Menge. Menschen kreischten und schrien auf. Die Soldaten vor der Empore reckten nervös ihre Hälse und zogen zum Angriff bereit die Schwerter. Sie wirkten etwas unschlüssig, da sie nicht wussten, was vor sich ging. Plötzlich stürzten sich Männer, bewaffnet mit Schwertern und Dolchen, Knüppeln und Keulen auf die Männer des Grafen. Ullrich sprang überrascht von seinem Sitz auf und brüllte seiner Truppe Kommandos zu. Ich sah in die erschrockenen Gesichter der Menschen ringsum. In Panik wollten sie sich in Sicherheit bringen und stoben auseinander. Laut klirrend stießen die Klingen der Schwerter aneinander. Befehle und Flüche der Kämpfer klangen über den Platz. Die Angreifer stießen auf heftigen Widerstand. Sie merkten bald, dass sie es nicht mit schlecht ausgebildeten Soldaten zu tun hatten, wie Gunter ihnen versichert hatte.

Gunter selbst stand mit gezücktem Schwert direkt vor der Empore, als wolle er Ullrich verteidigen. Er konnte ja schlecht gegen seine eigenen Leute kämpfen. Schon begannen die Soldaten des Grafen die Angreifer zurückzuschlagen. Im Nu herrschte ein heilloses Durcheinander.

Nun hing alles von uns ab. Niemand achtete mehr auf die Sicherheit des Grafen. Auf der Empore in seiner Nähe stand keine einzige Wache. Ullrich blickte unruhig auf den Kampf zu seinen Füßen, eine Hand an seinem Schwert. Wo steckte Montgomery nur?

Ich sah von meinem Fässerturm hinunter zu Osto und Giselbert. Gespannt verfolgten sie das Kampfgetümmel auf dem Platz. Völlig unerwartet trat Wolfram zwischen sie. Zielstrebig steuerte er auf die Treppe zur Empore auf meiner Seite zu.

Wolfram? Der stand doch auf der gegenüberliegenden Seite. Ich blickte hinüber. Der Wollhändler hockte zitternd unter einem Tisch, ganz in der Nähe von Gunter, der immer noch den tapferen Gefolgsmann des Grafen spielte. Zweimal Wolfram? Der Wolfram an der Treppe war größer und gar nicht so fett wie der Wollhändler, den ich kannte. Er hatte lediglich die gleiche Hose und das gleiche Wams an.

Schlagartig wurde mir alles klar!

Aufgeregt rief ich Osto und Giselbert. Doch in dem Geschrei um mich herum ging mein Brüllen fast unter: „Osto! Giselbert! Der da! Der mit dem roten Wams!" Ich deutete mit einer wilden Geste auf Montgomery. Das musste er sein. Er hatte sich wie Wolfram gekleidet, damit der Verdacht später noch leichter auf den unglücklichen Wollhändler zu lenken wäre.

Osto nickte Giselbert zu und beide stürzten sich auf Montgomery. Er war schon fast oben auf der Empore. Doch wir hatten Montgomery unterschätzt! Mit einer schnellen Bewegung drehte er sich um und schlug Giselbert so hart mit der Faust, dass dieser zu Boden fiel und zu meinem Entsetzen liegen blieb. Oh, mein Gott, Maria und alle Heiligen! Jetzt war nur noch Osto da, der an seinem Wams hing. Einochs und Schnapphahn auf der anderen Seite bekamen anscheinend nichts von dem mit, was hier vorging. Sie waren weit und breit nicht zu entdecken. Ich musste zusehen, wie Montgomery einen

Knüppel aus seinem Ärmel zog und auch Osto mit einem gezielten Schlag niederstieß. Blut schoss aus einer großen Platzwunde und er brach zusammen.

Montgomery ließ seine Waffe fallen und ging auf den Grafen zu, der nur ein paar Meter entfernt mit dem Rücken zu ihm stand. Mich bemerkte er nicht. Er griff in eine Umhängetasche, die der Wolframs ähnlich sah, und holte einen langen Dolch heraus. Langsam näherte er sich dem ahnungslosen Grafen, der immer noch versuchte, seine Männer unten auf dem Kampfplatz zu dirigieren. Adelgund klammerte sich ängstlich an den Arm ihres Vaters. Niemand sah das Unheil kommen.

Es war dumm von uns gewesen, anzunehmen, dass wir es mit so einem Kämpfer aufnehmen konnten. Und jetzt war es fast zu spät.

Ich musste etwas tun!

Auf dem Boden der Empore lag Montgomerys Prügel. Ich dachte an Adelgund und an sonst nichts. Beherzt sprang ich auf die Empore. Der Fässerstapel fiel polternd in sich zusammen, doch der Lärm ging im Kampfgetümmel unter. Montgomery spürte die Gefahr nicht, die hinter seinem Rücken lauerte. Ich ergriff den Knüppel und rannte zu ihm. Mit aller Gewalt ließ ich das Holz in die Richtung seines Hinterkopfes sausen. Angewidert kniff ich die Augen zusammen.

Es folgte ein dumpfes Tock. Dann plumpste Montgomery wie ein nasser Mehlsack zu Boden.

Als ich die Augen wieder öffnete, blickte ich in die entsetzten Augen Adelgunds. Völlig geschockt sah sie von mir auf den unbeweglichen Körper zu meinen Füßen. Graf Ullrich starrte mich ungläubig an.

„Was, was, … was um alles in der Welt geht hier vor?",
stotterte er starr vor Schreck.

„Attentäter", stammelte ich atemlos, „er da …", ich
deutete auf den bewusstlosen Montgomery, „… und Ritter Gunter mit seinem Sohn. Sie wollten Euren Tod und
die Stadt! Ihr entschuldigt, meine Freunde sind verletzt."

Verblüfft blickte der Graf auf den Dolch in der Hand
des Mannes, der fast sein Mörder geworden wäre.

Besorgt beugte ich mich über Osto, der immer noch
ohnmächtig war. Als ich seine Wunde untersuchte, spürte
ich, wie Adelgund neben mir niederkniete und mir sanft
übers Haar strich. Leise hauchte sie: „Geh und kümmere
dich um deinen anderen Freund! Mir ist es eine Ehre,
mich um solch edle Ritter, wie ihr es bestimmt einmal
sein werdet, zu kümmern." Damit gab sie mir einen Kuss
auf die Wange und lächelte mich an. Mir war, als verlöre
ich den Boden unter den Füßen und müsste mich neben
Osto legen. Doch ich brauchte einen klaren Kopf und
musste mich um Giselbert kümmern. Benommen wankte ich mit brennender Wange die Treppe hinunter.

Der Tumult auf dem Marktplatz hatte sich beruhigt. Die Männer des Grafen hatten Gunter und seine Störenfriede überwältigt und abgeführt.

Giselbert saß, die Beine von sich gestreckt, auf dem Boden und rieb sich den Kopf. „Bei allen Heiligen, Mönchlein! Dieser Bursche hat aber einen gewaltigen Schlag in seinen Fäusten! … Haben wir ihn?"

Ich nickte selig.

Da schrie der Graf: „Bringt Gunter zu mir! Er soll mir erklären, was hier vorgeht. Und ich hoffe für ihn, dass er eine gute Erklärung dafür hat!"

Epilog

… in dem ich erzähle,
wie es den Guten und den Bösen
in der Folgezeit ergangen ist

Sorgenvoll hatte der Markttag begonnen. Doch als ich am Abend mit Osto, Giselbert, Norbert, Einochs und Schnapphahn neben dem Grafen und seiner Tochter auf der Empore stand, hatte sich alles zum Guten gewendet. Ich war überglücklich. Noch immer spürte ich Adelgunds Kuss auf meiner Wange. Endlich brachte ich den Mut auf, sie anzusehen.

Wir waren die Helden des Tages und die Menschen der Stadt jubelten uns zu. Die Brückenbande, Norbert und ich bekamen eine stattliche Belohnung und meine Familie wurde ein Jahr lang von der Steuerpflicht befreit. Giselbert, Einochs und Schnapphahn wurden auf der Burg des Grafen Ullrich in Dienst genommen und bekamen nun zum ersten Mal in ihrem Leben regelmäßige Mahlzeiten.

Osto eröffnete seinem Vater noch am selben Abend, dass er nicht vorhabe, Henker zu werden, sondern Tuchhändler. Im Geschäft meiner Brüder absolvierte er seine Lehre und wurde nach einigen Jahren ein gewiefter und erfolgreicher Kaufmann.

Der Rat der Stadt nahm Robert in seine Reihen auf. Dadurch kam unsere Familie wieder in den Ruf einer reichen und angesehenen Familie – wie zu Zeiten meines Vaters. Darauf war ich besonders stolz.

Norbert war überglücklich, hatte er doch aus der Bibliothek des Grafen ein kostbares Buch geschenkt bekommen. Ich hörte unlängst, dass er als Abt eines Klosters eine der schönsten Bibliotheken des Landes beaufsichtigt.

Die Anstifter und Mittäter der Verschwörung kamen vor Gericht. Montgomery hatte Gunter und Wolfram schwer belastet. Gunters verlotterte Burg wurde zerstört und er selbst zum Tode durch Enthauptung verurteilt. Der arme Wolfram sollte das gleiche Schicksal erleiden. Doch setzte ich mich für ihn ein. In meinen Augen war er vom Schicksal genug geschlagen. So jagte man ihn aus der Stadt und mit ihm die Männer, die den Tumult und den Kampf mit Ullrichs Soldaten angezettelt hatten.

Natürlich wurde auch Montgomery zum Tode verurteilt. Er sollte die grausamste Strafe erleiden und geviertteilt werden. Aber einen Tag vor der Hinrichtung war er plötzlich verschwunden. Nie zuvor war es einem Verurteilten gelungen, aus dem Kerker des Gefängnisses zu fliehen. Seltsamerweise verschwand auch die Frau des Kerkermeisters am gleichen Tag …

Ildefons tauchte unter. Man suchte nach ihm, aber er blieb unauffindbar.

Und ich? Obwohl ich nicht der Sohn eines Ritters bin, bot der Graf mir an, mich als Page und ab meinem 14. Lebensjahr als Knappe zu unterrichten. Meine Familie überließ es mir, mich zwischen Kaufladen, Kloster, Pfarrei und Burg zu entscheiden.

Nach einer schlaflosen Nacht war ich mir sicher, dass es nicht meine Bestimmung sein konnte, nur unserem Herrn Jesus in einem Kloster zu dienen. Die vielen Bücher, die dort auf mich gewartet hätten, machten mir die Entscheidung schwer. Aber auch zum Kaufmann fühlte ich mich nicht geboren. Nein, der Blick in Adelgunds Augen an jenem Markttag im Mai hatte mir die Entscheidung abgenommen:

Ich wollte Ritter werden! Edel, gerecht und mutig!

Wörter, die ihr vielleicht nicht kennt

Abdecker	beseitigte Tierkadaver
Abort	Toilette
Augen blenden	mit einem glühenden Schwert die Augen verbrennen
Bader	schnitt den Leuten die Haare, rasierte sie, zog Zähne, behandelte Verletzungen und bereitete Bäder zur Körperpflege
Barbar	ungesitteter, roher Mensch ohne Bildung
Benedikt von Nursia	Verfasser der Benediktusregeln, der grundlegenden Regeln des nach ihm benannten Benediktinerordens; lebte von ca. 480 bis 547 n. Chr.
Beutler	Handwerker, der Lederwaren herstellte
Burgund	im Mittelalter ein Herzogtum zwischen Deutschland und Frankreich
Esse	Schmiedeherd
Fanfare	kurzes Musikstück für Blechblasinstrumente
Federkiel	Vogelfeder als Schreibgerät
Flandern	belgische Region

Geschmeide	Schmuck
Gilde	Berufsvereinigung
Griffel	Stift zur Beschriftung einer *Wachstafel*
Heiligenspiele	Theaterstück, das vom Leben der Heiligen berichtete
Kirchenväter	Männer, die Bücher über Jesus schrieben und erklärten, was er meinte
Knappe	etwa 14-jähriger Junge, der im Dienst eines Ritters stand
Krämer	Lebensmittel- und Kleinwarenhändler
Lehen	Nutzungsrecht an einem Land
Leibeigene	Bauern, die von einem Grundherren abhängig waren und ihm das Land bestellten
Magister	Bezeichnung für Lehrer
Mähre	altes Pferd
Marktflecken	kleiner Ort mit Marktrecht
Märtyrer	Menschen, die für ihren Glauben starben

Morgenstern	Waffe, deren Kopf strahlenartig mit spitzen Nägeln besetzt war
Notdurft	verrichtete man auf dem *Abort*
Page	ca. siebenjähriger Junge im fürstlichen Dienst
Palas	Hauptwohngebäude einer Burg
Pergament	Schreibmaterial aus der Haut von Kälbern, Jungschafen oder Ziegen
Planke	Zaun aus flachen Holzplatten, Brett
Sattler	Handwerker, der Sättel, Reitzeug und Lederwaren herstellte
schäkern	flirten
Schemel	Sitz ohne Lehne, Hocker
Scharfrichter	vollstreckte die Todesstrafe
Spelunke	zwielichtige und schmutzige Kneipe
Stadtmiliz	Bürger im Dienst von Soldaten
Stadtrecht	Sammlung von Gesetzen für eine Stadt
Tenne	großer Raum im Erdgeschoss eines Hauses, der als Laden, Werkstatt oder Speicher genutzt wurde

Tross	Schar, Gefolge
Vagant	umherziehender Sänger oder Spiel-mann, fahrender Student
Vogelfreier	besaß keinerlei Rechte und Eigentum und konnte von jedem straffrei getötet, verletzt oder ausgeraubt werden
Wachstafel	eine mit Wachs beschichtete Tafel, in die mit einem *Griffel* Buchstaben geritzt wurden
walisischer Langbogen	sehr langer, durchschlagsfähiger Bogen
Wams	Männerjacke
Zehnt	zehnter Teil des Ertrags, der als Steuer an den Grundherrn abgegeben wurde
Zofe	Dienerin einer adligen Dame